Plattdeutsches Schimpfwörterbuch

Plattdeutsches Schimpfwörterbuch

für Ostfriesen und andere Niederdeutsche

herausgegeben von Theo Schuster

Verlag SCHUSTER Leer

ISBN 3-7963-0290-4
1. Auflage 1991

Einbandgrafik und Illustrationen: Erika Müller-Pöhl
Schrift: 9.5 / 11 Punkt Times
Gesamtherstellung: Hans Kock Buch- und Offsetdruck GmbH, Bielefeld
Printed in Germany

Inhalt

Vorwort

Die Idee, ein plattdeutsches Schimpfwörterbuch auf der Grundlage ostfriesischer Mundart zu erstellen, liegt mehr als zwanzig Jahre zurück. Angeregt durch eine Reihe von Tafelkalendern mit Schimpfwörtern, die damals im Verlag Langewiesche-Brandt herauskamen, begann ich mit einer eigenen Sammlung. Inzwischen füllt sie zwei dicke Ordner.

Für die jetzt vorliegende Druckfassung kam nur eine Auswahl der weit umfangreicheren Sammlung in Frage, und diese kann — wie jede Auswahl — nur subjektiv sein.

Reinhold Aman (s. Hinweise) schätzt die Zahl der Schimpfwörter für den bayrisch-österreichischen Sprachbereich auf über 30.000. Für den niederdeutschen Raum kann man sicher von einer ähnlich großen Menge ausgehen. Wem diese Zahl zu hoch erscheint, der möge nur bedenken, daß viele neutrale Wörter des Alltags (z.B. Berufsbezeichnungen) direkt oder durch knappe ergänzende Zusätze wie beispielsweise Adjektive in bestimmten Situationen den Charakter eines Schimpfwortes annehmen können. Auch gibt es unzählige Zusammensetzungen der verschiedensten Art (z.B. Substantiv + Substantiv; Adjektiv + Substantiv; Adverb + Substantiv), in denen der abwertende Sinn eines Bestandteiles verstärkend wirkt und das Kompositum als Ganzes dann die Funktion eines Schimpfwortes erfüllt. Verkleinerungsformen können sowohl als Kosewort, aber auch als Schimpfwort verwendet werden.

Beliebte Wortelemente der zusammengesetzten Wörter sind im Niederdeutschen, ähnlich wie im Hochdeutschen, Teile des menschlichen Körpers, Kleidungsstücke, Gefäße, Geräte und Tätigkeiten wie beispielsweise Aas, Angel, Bart, Beck, Bröör, Buuk, Büx, Fatt, Gatt, Gootje, Hals, Klööt, Kopp, Kraag, Lapp, Mors, Mütz, Nack, Neers, Nöös, Ohr, Oog, Pans, Piep, Pott, Püll, Sack, Schiet, Snuut, Steert, Stück u.a.m. Häufig sind es auch Tiernamen, mit denen man andere beschimpft. Als Beispiele seien genannt: Aap, Buck, Gans, Hahn, Hammel, Heekster, Hund, Kalf, Katt, Küken, Oss, Schaap, Swien, Tiek, Ülk. Mit Ausnahme des dem Menschen im Körperbau ähnelnden Affen sind es vorrangig Haustiere, deren Eigenschaften und Eigenarten man zu kennen glaubt und die man dem zu Scheltenden anzuhängen trachtet.

›God'n Dag mit'nanner‹ soll 1881 ein Bauer einem Nachbarn zugerufen haben, dem er mit einem Schwein auf der Landstraße begegnete. Für diese weniger freundliche Begrüßung wurde er damals vom zuständigen Schöffengericht mit einer Geldbuße bestraft.

Mit Namen von Menschen, die man nicht direkt beschimpfen konnte, dennoch aber verunglimpfen wollte, ruft man gern Haustiere, insbesondere benennt man Hunde damit.

Nachdem im Siebenjährigen Krieg 1761 französische Söldner unter dem Oberbefehl des Marquis de Conflans und seines Unterführers Oberst Cambfort vor allem im westlichen und südlichen Ostfriesland grausam gewütet hatten, nannten Bauern im Rheiderland ihre großen Hofhunde mit Vorliebe ›Cambfort‹. Bis ins 19. Jahrhundert hinein war auch das von Conflans abgeleitete Wort ›Kumflander‹ der Inbegriff alles Ehrenrührigen und das ärgste Schimpfwort. Überliefert ist, daß Oll Willm (1886—1966), ein bekanntes ostfriesisches Original, seinen Hund ›Nazi‹ rief, um auf diese Weise seiner Verachtung gegenüber den Nationalsozialisten Ausdruck zu verleihen.

Der ›Volksmund‹ ist erfinderisch, wenn es um das Schimpfen geht. Die Möglichkeiten und Kombinationen sind fast unbegrenzt.

So können beispielsweise häufig gebrauchte Vornamen zu Schimpfwörtern werden. Der Häufigkeit ihres Vorkommens wegen versah man sie zunächst mit einem Zusatz, der der Identifizierung dienen sollte (Ökelnamen). Bei den Männern waren Gerd, Hans, Harm, Hinnerk, Peter, bei den Frauen Greetje, Lies, Triene u.a. so beliebt, daß der häufige Gebrauch solcher Namen an sich schon Anlaß war, sie zu verallgemeinern und ihnen einen negativen Beigeschmack zu geben. Typisch ist der früher in Nordwestdeutschland häufigste Taufname Jan (= Johannes), der zur allgemeinen Bezeichnung für einen dummen, einfältigen Menschen wurde.

So verurteilte man im Jahre 1930 den Führer des ›Stahlhelm‹ in Emden zu 100 Mark Geldstrafe, da er eine Verfügung des Regierungspräsidenten als ›skandalös‹ bezeichnet hatte. Für die Höhe der Strafe war ausschlaggebend, daß der Beklagte den Regierungspäsidenten in diesem Zusammenhang mit seinem vollen christlichen Namen benannt hatte: Jann Berghaus. Der Richter unterstellte, daß dies offensichtlich geschehen war, um den Regierungspräsidenten lächerlich und verächtlich zu machen.

Durch die Kombination zweier Vornamen konnte der negative Eindruck derartiger Wörter noch verstärkt werden, wie etwa bei Jan-Hinnerk. In anderen Fällen wurde einzelnen Vornamen ein charakterisierendes, oft eben auch negatives Beiwort hinzugefügt, und so kamen Schimpfwörter wie Dummer-Jan, Suddel-Trientje u.a. zustande. Auffallend ist die hohe Zahl von Schimpfwörtern für Frauen, die auf diese Weise gebildet worden sind und mit denen man gern vermeintlich typisch weibliche Unarten, wie etwa Weinen, Wehleidigkeit, Schwatzhaftigkeit, Unsauberkeit, Unsittlichkeit anprangern wollte.

Schimpfen, so sagt man, befreit und erleichtert das Gemüt und baut Streß ab und gilt, vergröbert ausgedrückt, als ›Stuhlgang der Seele‹. Gar manche Gewalttat bleibt so ungeschehen. Auch im Niederdeutschen gilt:

En Hund, de blafft, de bitt neet.

Dabei gehört Schimpfen ursprünglich zu den mancherlei Lärmmitteln, mit denen die Gegner zum Nachgeben oder zum Rückzug gezwungen und die bösen Geister eingeschüchtert und verjagt werden sollen.

Bedenken sollte man aber, daß Schimpfwörter gleichsam verbale Wurfgeschosse sind, die andere Menschen durchaus verletzen können, weil Schimpf zugleich auch Beleidigung ist. Beleidigungen sind aber auch ein öffentliches Vergnügen. Sie garnieren unser tägliches Leben — durchaus zu unserem Genuß. Das Publikum weidet sich an diesen Vorstufen des Skandals, diskutiert die Feinheiten einer Grobheit und wartet schon auf die nächste. Entsetzen und Entrüstung sind dabei nur Fassade, vorherrschend sind der Spaß und die Schadenfreude, auch wenn dies verborgen wird. Die Ehrabschneidung benutzt den ganzen Fundus der Sprache, ihre Bosheit und ihre Verdrehungskunst, um Einzelmenschen oder Gruppen, ja, ganze Volksstämme herabzusetzen. Dennoch hat der erste, der im Neandertal, statt zur Keule zu greifen eine Schimpfkanonade auf seinen Gegner herniedergehen ließ, nach S. Freud ›die Menschheit auf eine höhere Stufe gehoben‹.

Schimpfen — vor allem wortreiches Schimpfen — ist aber in den letzten Jahrzehnten gleichsam aus der Mode gekommen. Der amerikanische Maledictologe (Schimpfwortforscher) Reinhold Aman meint, daß neue Schimpfwörter heute kaum noch entstehen können, da es auf den Hauptgebieten für Schimpfen nur noch wenige Tabus gibt. In der Gegenwart verliert sich zudem der einstmals ungeheure Schatz an Schimpfwörtern. Dafür erscheint Reinhold Aman die Situation in den USA als typisch. Die Ausdrucksarmut des Durchschnitts-Amerikaners, der nur über ein Wortrepertoire von ca. zweitausend Wörtern verfügt, läßt seine ›Schimpfkultur‹ verkommen. Die noch vorhandenen paar Dutzend Schimpfwörter des begrenzten Wortschatzes werden überanstrengt und verschleißen um so schneller.

Aus dieser Beobachtung zieht Aman den Schluß, daß der weltweite Verfall der Schimpfkultur mit schuld ist am Umsichgreifen von Gewalt. ›Wir entwickeln uns‹ — so sagt er — ›von der physischen Agression über die verbale Agression wieder zurück zur Keule‹.

Zweifelsohne wurde noch vor hundert Jahren häufiger, ausgiebiger und phantasievoller geschimpft als heutzutage. So erzählte einst ein alter Emder, er habe um 1900 in jugendlichem Übermut bei einer Nachbarin einen Haufen Bohnenstangen in Brand gesteckt. Daraufhin habe die Alte eine halbe Stunde lang ununterbrochen auf den ihr unbekannten Brandstifter geschimpft, immer neue Schimpfwörter gebrauchend, unerschöpflich in der Fülle der Ausdrücke. Später habe dieser Emder, harmlos tuend, eine waschechte Emder Heringsverkäuferin gefragt, ob ihre feilgebotenen Fische noch von derselben Art seien wie bei Noah auf der Arche. Durch ihre Antwort habe er auch da einen Begriff davon bekommen, was echtes Schimpfen sei. Das Schimpfen der Emder Heringsfrauen ist sprichwörtlich und lebt heute noch in der Redensart:

He (Se) schellt as'n Emder Heringswief.

Schimpfen geht häufig in Ausdruck und Absicht über in Fluchen. Ursprünglich war beides Bestandteil sakraler Handlungen und gipfelte beispielsweise in den Bannflüchen der Päpste. Längst vergangen sind die Zeiten, in denen das Schimpfen in der Kirche üblich war und Pastoren ihre Predigten mit wahren Kaskaden von Schimpfwörtern schmückten. Der süddeutsche Barockprediger Abraham a Santa Clara (1644—1709) oder der Schwabe Albrecht Josias Conlin (um 1700) seien als Zeugen benannt, die in dem Hannoveraner Jobst Sackmann (1643—1718) oder dem späteren Ostfriesen Cornelius Brill (1725—1807) ihre entsprechenden norddeutschen Partner hatten.

Kaum vorstellbar ist heute, daß noch vor gut 450 Jahren zur Zeit der Reformation Verfluchungen und Anwünschungen schwerer Gebrechen durchaus ernst genommen wurden und an der Tagesordnung waren:

Ik wull, du brookst en Been
Ik wull, du kreegst de swere Not (Epilepsie, Pest oder Pocken)

waren durchaus gang und gebe und man hoffte auf die den Flüchen und Drohungen anhaftenden magischen Kräfte, an die schon im Mittelalter geglaubt worden war.

Nicht ganz so weit zurück liegen die Zeiten, in denen bei der Ernte — vor allem beim Schnitt der letzten Garbe — und beim Rapsdreschen vorübergehende Fremde mit Beschimpfungen überhäuft wurden. So beklagte sich im Juni 1824 der Pastor Schultz aus Funnix bei der Kammer in Aurich, er habe in seiner jetzigen Gemeinde ›eine sehr böse Sitte vorgefunden, die man sonst für ein trauriges Überbleibsel aus der rohen Zeit des Faustrechtes halten möchte‹. Und er erläutert dies: ›Da ist kein Schimpfwort, keine Zote und obszöne Redensart, die nicht dem honettesten Mann und dem gesittesten Frauenzimmer entgegen- und nachgebrüllt wird, womit der mit Dreschen beschäftigte Haufe schon anfängt, sobald er eine Person ankommen sieht. Kein gesitteter und zartfühlender Mensch, zumal ein Frauenzimmer, kann deshalb zur Zeit des Rapssamendreschens in hiesiger Gegend übers Feld gehen, ohne sich den Beschimpfungen auszusetzen.‹

Diese ›böse Unsitte‹ war zweifellos ein letzter Nachklang unbewußten alten Volksglaubens, nach dem Schimpfen und Schelten böse Mächte von der Ernte fernhalten sollten. In diesem Zusammenhang sei auch an die heute noch üblichen Wünsche erinnert, in denen durch die Benennung des Gegenteils Unheil abgewendet werden soll: ›Hals- und Beinbruch!‹ — ›Mast und Schootbruch‹ u.a.m. Auch dies waren ursprünglich Flüche.

Alter Volksglaube zeigt sich auch in den vielen verhüllenden Benennungen für den Teufel (→ Düvel) und in manchen alten, heute kaum noch gebräuchlichen Schimpfwörtern für die Hexe wie z.B. ›Botterhex‹ oder auch ›Mulkentöverske‹. Diese beiden Wörter werden auch auf Nachtfalter übertragen, in den sich Frauen — so glaubte man — verwandeln konnten, um die Butter aus der Milch zu ziehen oder zu bewirken, daß sie sich beim Karnen nicht absetzte. Im Ostfriesischen Landrecht von 1746 wurde das Wort ›Mulkentöverske‹ mit ›Pferdemörder, Feldflüchtiger, Wehrwolf und Hure‹ auf eine Stufe gestellt und die Verwendung dieser Schimpfwörter mit 16 Schilling Strafe belegt. In seiner Sammlung ›Friesische Sagen‹ weist Lübbing noch 1928 darauf hin, daß ›Botterhex in den Oldenburgischen Marschen und bei Aurich ein starkes Schimpfwort ist‹.

Allgemein herrscht heute die Meinung vor, plattdeutsche Schimpfwörter seien weniger grob und wirkten selten oder gar überhaupt nicht beleidigend. Diese Einschätzung konnte wohl nur deshalb entstehen, weil allenthalben der selbstverständliche Gebrauch der Mundart im täglichen Umgang zurückgeht. Mangelnde Vertrautheit mit der Eigenheit der regionalen Sprache führt dazu, plattdeutsche Schimpfwörter als etwas fast exotisch Sonderbares zu empfinden oder eben als weniger grob und verletzend. Ich halte es für wenig sinnvoll, dem niederdeutschen Schimpfen eine derartige besondere Eigenart beizulegen. Sie sind grundsätzlich den hochdeutschen an die Seite zu stellen und haben den gleichen Stellenwert wie diese.

Auch die Justiz scheint dieser Meinung zu sein. 1982 hat die Erste Kleine Strafkammer des Landgericht in Aurich festgeschrieben, das bekannte Götz-Zitat könne auch in plattdeutscher Sprachform als Beleidigung gelten. Sie verurteilte einen 64 Jahre alten ›Butterschiff-Kapitän‹ aus Carolinensiel in zweiter Instanz zu einer Geldstrafe von 600 Mark, weil er nach einem Wortwechsel mit einem Zollbeamten diesen mit den Worten verabschiedet hatte:

Lick mi in de Mors.

Selbst der Einwand des Verteidigers, das Götz-Zitat gehöre in dieser Form zur Umgangssprache der Seeleute und möglicherweise auch zu der der Zöllner, vermochte nicht, das Gericht zu überzeugen.

Das vorliegende Buch ist ein niederdeutsches Schimpfwörterbuch auf der Grundlage ostfriesischer Mundart. Andere plattdeutsche Mundarten haben die gleichen oder ähnliche Schimpfwörter, alle zusammen aber weit mehr, als hier abgedruckt werden konnten.

Theo Schuster

Schimpfwörter
von ›Aantjebitt‹ bis ›Ziepel-Trientje‹

Aantjebitt

Damengesellschaft, die wie eine Entenschar schnattert
’t geiht derher as in ’t Aantjebitt.
eigentl.: *Entenloch*, großes Loch im Eis (für die Enten).

Aantjeflüggt

Entenflug
Schar laut und lustig dahinziehender Mädchen (bes.: Städterinnen auf dem Lande)
eigentl.: *Zug wilder Enten; Entenjagd.*

Aap, Aapke, Api

Affe, Äffchen; Narr,
jemand, der alles nachäfft, überaus eitel oder auch anhänglich oder folgsam ist (vorwiegend gutmütig gemeint)
De Jung, dat is so recht sien Aap.
En Aap van Keerl (jemand, der alles nachäfft).
He kleddt (tiert = kleidet, ziert) sük as ’n Aap.
auch: häßlicher Mensch:
He is ’n rechten Aap, hum fehlt blot de Steert.
He kickt ut as ’n Aap.
He kickt ut de Kopp as de Aap ut ’t → Gatt.
He sücht ut as ’n Api up d’ Stocki (jemand, der sich aufspielt).
He sitt derup as de Aap up ’n Sliepsteen (eigenartig, unbeholfen).
Beter ’n Aap as ’n Schaap.
He hett ’n Apengesicht.
auch allgemein abfällig in den Zusammensetzungen: Apenkopp, Apenmors,
auch als Kosewort:
Du oll Aap.
Du lüttje Aap(ke) (Äffchen).
Dat is so ’n rechten lüttjen Aap.
Apenspill → *Affenspiel*, -theater, alberne Sache
Dat is ’n Apenspill.
Well hett dar sien Apenspill mit hatt? (Wer hat diesen Blödsinn gemacht?).
→ Snöttaap, Tieraap, Treckaap.

Aas

Aas, halb scherzhaft, halb anerkennend für kleine Kinder und auch für besonders gewandte, kluge oder auch leistungsfähige Menschen gebraucht
Dat Aas hett wat lehrt, seggt Coord van Hallen, de kann dör de Welt kamen.
seltener als grobes Schimpfwort.

aasig = wie Aas (riechend); unausstehlich
So 'n aasigen Keerl (Kraam).

Aasknaak, Aaspans
Aasknochen, Aasbauch, -wanst; allgemein abfällig.

Aavke
dumme, alberne Person
'n Aavke van Wicht.
aavkig, aavker(i)g = dumm; albern, linkisch.

Achterdeel, Achterenn, Achtergestell, Achterkasteel, Achtersteven, Achtervördel, Achterste
Hinterteil, Hinterende, Hintergestell, Hinterkastell, (Hinter)steven, Hinterviertel, Hintern
He hett 'n goden Achtersteven.
→ Ars, Gatt, Mors, Neers, Pupert.

Achterpoort
Hinterpforte, After
Jung, holl de Achterpoort open! Dann hööfst neet na de Dokter lopen.

Allmannswicht
Jedermannsmädchen, Hure, Kokotte

Angel
Angel, Haken
unangenehmes, verletzendes, hochfahrendes Wesen, Charakterfehler, Angewohnheit, Eigenheit (die ärgert, reizt, sticht, verletzt usw.)
Dar sitt so'n Angel in hum, dat der haast kien Minske Free mit hum hollen kann.
Dar is so 'n bösen Angel an hum, dat he so lei (faul) is.
häufig in Verbindungen wie: → Luurangel, → Nootangel, → Querangel.

Angsthaas
Angsthase, Feigling, Hasenfuß.

Ars
Arsch, Hintern
→ Achterdeel, Gatt, Mors, Pupert, Neers.

Arvt(e)
Erbse
in den Redensarten:
He sücht ut as 'n dör-(ut-) scheten Arvt oder: as 'n Arvt, de dreemal dör 'n Soldat gahn is, d.h. er sieht blaß, schlecht, krank, ungesund aus,
auch: Man weet neet, of man mit hum in de Arvten of in de Bohnen is (wie man mit ihm dran ist).

Baar

Bär

He is ’n ollen Baar = er ist ein grober Mensch

He is ’n Baar van Keerl = er ist sehr stark.

Babbel(tje)

loses, freches Maul; Schwätzer

Holl dien Babbel! Halt dein Maul!

babbeln = plappern, schnattern, läppisch reden, schwatzen usw.

Babbeler

kindisch, läppisch und närrisch redender Mensch, dummer Plauderer, Schwätzer usw.

ndl.: babbelaar.

Babbelgüütje

Schwatzvogel, Spaßvogel; lockerer Geselle, loser Wicht

Babbelgüütjes = Albernheiten, Narrenpossen, alberne, lose Reden

Dat sünd nix as Babbelgüütjes, de he uns vertellt.

Babbelgüütjewater = blasser Tee.

Babbels(ch)nuut

Plauderer; Klatsch-, Plappermaul, Schwätzer, geschwätzig, dummes Zeug redender Mensch

Du büst ’n rechten Babbelsnuut.

Ballerbüx

Polterhose, Polterer; Krakeeler, Radaubruder.

Balstüür

ungehorsamer, widerspenstiger Mensch

balstürig = trotzig, ungehorsam, widerspenstig

baldadig = gewalttätig, auch: außerordentlich groß
balohrig = jemand, der sich schwerhörig stellt, Anordnungen nicht befolgt usw.
bal (ungebr.) = übel, böse, schlecht.

Bandrekel
Tunichtgut, Rabauke, Rohling; auch: Kettenhund.

Bangbloot, Bangbüx, Bang-in-de-Büx, Bangschieter
Angsthase, Feigling.

Bankrekel
Bankrekeler, jemand der sich auf der Bank rekelt,
Faulenzer; auch Kettenhund.

Bastert
Bastard, uneheliches Kind; alles, was aus der Art geschlagen ist (allgemein abfällig)
verbastern = aus der Art schlagen.

Beck
Mund, Maul, Schnabel, Schnauze
Holl de Beck! (Halt 's Maul!).
Beter heet gepuust', as de Beck verbrannt.
Dat is kien Speck na mien Beck (gefällt mir nicht).

Bedreger
Betrüger
bedregen = betrügen.

Beel
Ding, Geschöpf, Wesen; Mensch; Mädchen; Kerl usw.
meistens in der Redensart:
Du büst en **mallen Beel** = Du bist ein albernes, verrücktes Ding, Geschöpf usw.
eigentl.: weiblicher (Vor)name = Bela
Im Groninger Dialekt ist Bela ein schönes Mädchen (meistens ironisch) und ein beliebter Puppenname.

Beerbuuk, Beerfatt
Bierbauch, Bierfaß, Dickbauch; dicker Mensch.

Beest
Biest; Rind; wildes Tier, Untier, Ungeheuer
Als Schimpfwort statt Schwein(igel); unflätiger, unanständiger, unsauberer Mensch, gebraucht
He is 'n groot Beest. Dat is 'n wahr Beest.
De Buur, de Buur is 'n Beest van Natur.

He sücht ut as 'n Beest (Er sieht aus wie ein Schwein).
Wo groter Geest, wo groter Beest (Je größeres Genie, desto größerer Schweinigel).
auch: starkes, dickes, plumpes Etwas (z.B.: so 'n Beest van Ketel = großer Kessel).
beestig, beestlik, beestelk = viehisch, gemein
Dat is 'n beestigen Keerl.

belabbert
fehlerhaft; flach, oberflächlich; fade, schwatzhaft; untauglich, wertlos
Dat is so 'n belabberten Keerl, Peerd usw.

Bellhamer
Lärmmacher, Großmaul, Polterer; Mensch, der viel schreit und spektakelt oder überall das große Wort führt und stets opponiert gegen das, was andere sagen; Rädelsführer, ursprünglich: *Schellenhammer*, Hammer der an die Schelle schlägt.
Ik will neet alltiet de Bellhamer wesen (der die Sache an die große Glocke hängt).

Bellmer
Lärmer, Polterer, Prahlhans, Großsprecher; Mensch, der sich überall als Hauptperson gebärdet
Dat is so 'n Bellmer van Keerl.
übertr. auch: Haupttreffer, Hauptwurf, besonders großes Exemplar von etwas, z.B.: Bellmers van Kalver, van Steekröven usw.

Bengel
Bengel, Flegel, Lümmel (Bedeutung wie im Hochdt.)
Du büst 'n Engel mit 'n B darvör.
Sprichwort:
Bengel buug di, → Snöttert snuuv di!

Besteck
Besteck, liederliche, dumme, faule Person (meistens Frau)
Dat is 'n oll Besteck.
eigentl.: (Bau)plan, Entwurf, Zeichnung, Meßinstrument usw.

Beverbüx
Zitterhose, Angsthase, ängstlicher, leicht zu erschreckender Mensch.

Bigg(e)
Ferkel (Bedeutung wie im Hochdt.)
He kleit (sudelt, beschmutzt sich) as 'n Bigg(e).
Du süchst ja ut as 'n Bigg(e).

Bigge(n)fanger
Ferkelfänger, Mensch mit Säbelbeinen, dem Ferkel zwischen den Beinen durchschlüpfen können.
Man sagt auch: He is goot to Biggen fangen.

Bille; Billtje, auch: Arsbille
Hinter-, Arschbacke; -bäckchen
He löppt mit een Bill in Drafft, man de anner kummt nich mit (sein Eifer ist nur gespielt, halbherzig).
Kinner van Willen (die eigensinnig sind und stets ›ich will‹ sagen) kriegen (oder: deent) wat för de Billen.
de Billen utmeten = Geschlechtsverkehr treiben.

Biloper
Mitläufer, ›fünftes Rad am Wagen‹, jemand, der bei der Arbeit halbwegs oder völlig überflüssig ist
As Biloper kann he wall bruukt worrn, man för vull kann he neet mit dör.
→ Hundje-Biloper.

Bitze
ein ›bissiges‹, zänkisches, keifendes Weib, Xantippe
Dat is so 'n (oll) Bitze.
En Bitze van Wief, dat der haast keen slimmer Düvel to finnen is.
eigentl.: bissige Hündin
bitzig, bitzk = bissig, zänkisch
Dat Wief is so 'n bitzigen → Dönner.

Blaag, Blage
Kind, junger, unreifer Mensch, geringschätzig, häufig aber auch neutral oder mit einem Unterton von Anerkennung; rücksichtsloses, ungebärdiges, wildes Kind, Lümmel
De Blaag weet noch nich beter, de steiht noch tüsken dumm un klook.
De Blagen van Wichter bilden sük ok al so vööl in.
Man spricht auch von ›Biggen (Ferkel) un Blagen‹ und meint damit wilde, ungebärdige, rücksichtslose Kinder, vor allem Mädchen: Biggen un Blagen maken vööl Plagen.
Biggen un Blagen lopen oll Lü unner d' Foten.

Blaffer(t)
Blaffer, Bläffer, Großmaul, Krakeeler
eigentl.: Beller, ständig bellender Hund
blaffen = bellen, anschlagen usw.

Blarrpott, Blarrsnuut
Heultopf, -schnauze, Plärrmaul, Schreihals, Heulsuse, jemand, der leicht (gern) weint
blarren = laut weinen, schreien.

Blaumors
Blauarsch, kälteempfindlicher, leicht frierender Mensch.

Bliertje → Pliertje

Blix, Blixem, Blixen
Teufel
eher positiv (anerkennend) als negativ
He leep as de Blixem.
blixems = verflixt, verflucht, verteufelt
Du blixems Jung, Keerl, Düvel usw.
eigentl.: *Blitz*
Nu sall doch de Blixem dar in slaan.
→ Flüche usw.

Blöder(t); meistens im Plural gebraucht: Blöders
armer Schlucker, unschuldiger, bedauernswerter Mensch, Hilfsbedürftiger
Dat sünd arm Blöders.

Bloot
Bloßer, Nackter, Geschöpf
armer, bedauernswerter, hilfsbedürftiger (alter) Mensch
auch Dummkopf (bedauernd gesagt)
bloot = bloß, nackt, auch: mager
Dat is ’n arm (oll) Bloot.
auch sanftmütiger, stiller Mensch:
He is so ’n gode Bloot.
(altfries.: blat = arm, bloß)
auch: Gottsbloot, Heergottsbloot.

Blootsuger
Blutsauger, unbarmherziger Wucherer.

Blubber
schwatzhafter Mensch, großer Schwätzer
De Jung is ’n ollen (Jan) Blubber.
eigentl.: (Luft)blase; Walspeck.

Blubberkopp
Trinker (wegen des aufgedunsenen, roten Kopfes)
De hett ja ’n Blubberkopp, de kummt seker nett ut ’t Weertshuus.

Auch: Polterer, jähzorniger Mensch, der immer gleich lospoltert; Angeber, Schwätzer.

Bödel, Bötel
kleiner Junge (scherzhaft), Knirps, Zwerg
He is noch so 'n Bötel van Jung.
eigentl.: etwas Kurzes, Gedrungenes (auch: Spitze des Schwanzes bei Tieren).

Bohnenstöter
Bohnenstampfer, klobiger, stämmiger Junge
He is so 'n lüttjen Bohnenstöter.
eigentl.: Klotz mit einem Stiel, zum Gemüsestampfen.

Bölker(t), Bölkhals
Schreier, Schreihals, Brüller, Rülpser;
kleines, garstiges, schreiendes Kind
bölken = laut schreien, brüllen.

Bollwarker
jemand, der körperlich schwer arbeitet oder seine Arbeit ungestüm, lärmend usw. verrichtet.
bollwarken = schwer arbeiten, sich abmühen.

Bööl
grausamer, rücksichtsloser Mensch, Grobian;
eigentl.: Büttel, Henker
Dat is 'n ollen Bööl.
Du büst ja 'n rechten Bööl.

Boontje
Bösewicht, Verbrecher
Jede Boontje kriggt sien Lohntje (Jeder Verbrecher bekommt seinen Lohn).
(altfries.: bona = Missetäter, Mörder).

Börkumer Riff, groot B. R.
Borkumer Riff
Frau von nicht einwandfreiem Lebenswandel, Hure
(Wortspiel zwischen: **Riff** = Sandbank und Gerippe).

Botterhex
Butterhexe, Butterverzauberin, auch: keckes Mädchen
Für Schwierigkeiten beim Butterkarnen machte man früher Butterhexen verantwortlich.
Steiht de Karn neet still
un 't neet schifften un bottern will,

denn hebben de Hexen hör Hand in 't Spill.
Se is 'n lüttje Botterhex.
eigentl.: Nachtfalter, Schmetterling (s.a. Vorwort).

Braasker

Lärmmacher, Polterer, Prahler
He is 'n rechten Braasker.
braasken = dicktun, lärmen, prahlen.

Bremer

Bremer
in der Redensart: Ik bün kien Bremer, ik laat mi 't (oder: de Arbeit) neet to de Hannen (oder: Hand) utnehmen.

Brillaap

Brillenaffe, Brillenträger (mehr scherzhaft).

Bröddellapp, Bruddelapp

Fehlerlappen, Anfänger, z.B. unerfahrener Rechtsanwalt, der schon einen wichtigen Prozeß führt
Auch ein Mädchen, das als erstes Kind einer Ehe geboren wird, nennt man scherzhaft B.
eigentl.: Übungstuch, das voller ›Bruddels‹ (Fehler) ist, für Anfängerinnen im Nähen oder Sticken.

Bröder
Brüter, langsamer, bedächtiger Mensch, der nicht von der Stelle kommt bzw. sich lange besinnt
Dat is so 'n ollen Bröder.

Brummbaar, Brummbaart, Brummkuus, Brumm-Peter, Brummpott
Brummbär, Brummbart, Brummzahn usw.
mürrischer, unzufriedener Mensch, der immer etwas zu brummen und zu nörgeln hat.

Buck
Bock, ungelenker, steifer Mensch
He is (löppt) nett so stief as 'n Buck.
auch: widerspenstiger Mensch:
He is 'n Buck van Keerl.
He geiht derup löß as de Buck up de Hafersack.
He stinkt as 'n Buck.
auch: geiler, lüsterner Mensch
He is 'n heel geilen Buck.
'n ollen Buck lüst 't ok noch geern mal 'n gröön Blatt (Alter schützt vor Torheit nicht).
He hett **'n Buck schoten** = einen Fehler, Mißgriff usw. begangen (Bedeutung wie im Hochdt.).
bucksk, böcksk = bockig, launisch, eigensinnig
Dat is ja 'n bucksken Keerl.

Bull
Bulle, Stier
He sweet 't as 'n Bull.
He hett 'n Kopp as 'n Bull, nett dat he kien Ring dör de Nöös hett.
He is so niedel (wild, rasend) as 'n Bull.

Bullenbieter
Bullenbeißer, ungehobelter Mensch, Querkopf
eigentl.: Bulldogge, großer, bissiger Hund.

Bullerballer, Bullerbüx, Bullerbrook, Buller-Jan
Bangemacher, Polterer, Rauhbein
He is so 'n Bullerballer van Keerl.

Bummel-Jan, Bummel-Klaas, Bummel-Trientje usw.
Bummelant(in), Zauderer usw.

Büngel
Kloben, Klotz, etwas Schweres, Hinderliches, das jemandem anhängt und das er mühsam mitschleppen muß, z.B. kleine Kinder, die ständig an der Mutter hängen

häufig: **Büngel an d' Been** = Klotz am Bein
He is 'n Büngel an 't Been.

Bunkenbieter

Knochenbeißer, jemand, der nichts zu beißen hat, Habenichts, armer Teufel
Bunkenbietershörn = Elendsviertel.

Bunkenkluver

Knochenabklauber, armer Teufel.

Bus(e)beller

Bumann, Mensch zum Bangemachen, Bange-, Lärmmacher
eigentl.: Phantasiegestalt (Kinderschreck), auch: Teufel
He is 'n rechten Bus(e)beller.
Du mußt mi neet to 'n Bus(e)beller för de Kinner maken.

Buttjer

Grobian, grober, roher, meist verwahrloster Mann, Herumtreiber, Strolch; auch widerwillig anerkennend: Bursche, kleiner Junge
Dat is di 'n Buttjer!
auch: Buttfischer
butt = grob, plump, schroff, rücksichtslos, dreist, frech.

Buusjööd, Buuskeerl

Mann mit schlechten Eigenschaften; Vogelscheuche;
eigentl.: Phantasiegestalt, Kinderschreck, böser Geist
Mit so en Buuskeerl mag ik mi neet inlaten.

Buuskopp

Dummkopf; grober, wenig feinfühliger Mensch
Dat is 'n oll Buuskopp.
allgemein abwertend für: Kopf
auch: sehr großer Kopf, Brummschädel (nach reichlichem Alkoholgenuß).

Dagdeev

Tagedieb
De Dagdeeven stehlen uns leev Heergott de Tiet.
→ Deev.

Damel(büx), Dämel, Dämelack

Hohlkopf, dummer, gedankenloser; langsamer, schläfriger Mensch; Tolpatsch.
Dat is 'n oll Dämel.
dam(m)eln, dämeln = träumen, gedankenlos u. träumerisch herumgehen u. schlendern; dumm und gedankenlos schwatzen, faseln
dam(m)elig = dämlich, dumm; schlaftrunken, träge.

Dam(m)el-Peter

dämlicher, dummer Mensch.

Dauel, Dauelmors

träger, langsam sprechender Mensch; Herumlungerer
Dat is so 'n ollen Dauel(mors).
daueln = herumbummeln, -schlendern; träge sein; träge und schleppend sprechen
dauelig = zögernd, träge, langsam.

Deer(t), auch: Gedeerte

Tier, Geschöpf; (allgemein abfällig) kleines, unansehnliches Wesen; unkluger, alberner Mensch.

Deev

Dieb
He sücht ut as 'n ungehangen Deev.
Lüttje Deven hangt man, de groten lett man lopen.
Deevsvolk = Diebsgesindel.

Dickbuuk, Dickpans, Dicksack

Dickbauch, Schmerbauch, Dicksack.

Dickdoner

Dicketuer, Prahler, grober, übermütiger Bursche
dickdoon = sich aufspielen, prahlen
Dickdoon is dat halve Leven.

Dickert

dicker, starker Mensch; auch: dickes, starkes Etwas
He is 'n Dickert van Jung (van Boom usw.).
De Dickert kann dat wall dragen.

Dickfrett

Vielfraß.

Dickkopp

Dickkopf, dickköpfiger Mensch;
auch: Bierflasche mit Porzellanverschluß.

Dickmors

Dickarsch, Angeber, jemand, der einen breiten, dicken Hintern hat oder sich so benimmt, d.h. angeberisch, großspurig.

Dicksnuut
Dickmaul, Angeber, Großschnauze.

Diekschaap
Deichschaf (Schaf, das am Deich weidet)
He hett Klatten (Schmutzbehänge) as 'n Diekschaap.
He is so schitterg (schmutzig) as 'n Diekschaap.
→ Schaap.

Dieskopp, Diesnack(e), Dies(d)ert
eigensinniger, halsstarriger, störrischer, unfreundlicher Mensch
De Diesnack van Keerl, de grött kien Minsk, un wenn he en ok haast umlöppt.
diesig = eigensinnig, halsstarrig, störrisch.

Dönner, Dönnerkater, Dönnerslag
Donner, -kater, -schlag, Teufel, Bösewicht
Dat di de Dönner.
De Dönner sall di halen.
Auch widerwillig anerkennend:
Dat is ja 'n Dönner van Jung
(Teufelskerl, -braten).
dönners, dönnerkaterse, dönnerslagse = verteufelt, verflucht
Du dönnerse (dönnerslagse) Jung, wullt du wall maken, dat du wegkummst! usw.

Doofkopp
Dummkopf
doof = dumm, töricht, albern; auch: taub, betäubt, abgestorben, leer.

Dööntjemaker
Possenreißer, Ulknudel, Spaßvogel.

Döösbartel, Döösham(m)el, Dööskopp, Döös-Peter
dösiger, geistesabwesender Mensch, Dummerjan, Träumer, Dusselpeter
dösen = dämmern, träumen, wirr, betäubt sein usw.
dösig = betäubt, dumm, duselig, schläfrig, wirr.

Dördriever
tollkühner, rücksichtsloser, wüster, sittenloser Mensch, Ausbund;
auch: jemand, der rücksichtslos seinen Willen durchsetzt
De Jung, dat is so 'n Dördriever, dat man der haast heel kien Baas over blieven kann (seiner nicht Herr werden kann).

Dragoner, Dreguner
Dragoner, resoluter, forscher Mensch, der alles anpackt oder auch kühn auf alles losgeht (meistens Frau)
Se is 'n heelen Dragoner.

Drankfatt, Dranktünn

Schlemmer, Schwelger, Säufer

eigentl.: Gefäß für Spülwasser (Spülicht), flüssige Küchenabfälle (Drank) als Tierfutter

He is 'n rechte Drankfatt, he kann 't all bargen.

Dreedecker

Dreidecker, eigentl.: großes Schiff mit drei Decks

Mann von ungewöhnlicher Stärke oder auch: kräftige, korpulente Frau

En Dreedecker van Keerl (Wief).

Wat hest du dar van 't Jahr en Dreedecker van Knecht! De kann ja haast för twee Keerls 't Wark doon.

Drevel, Drievel

Schelm, schlauer Geselle, Ausbund; Böser, Teufel

Dat is ja 'n Drevel van Jung.

Du Drevel!

Dröhner, Dröhnkötel, Dröhn-Klaas

Dröhner, jemand, der dröhnend und knarrend, gedehnt und eintönig oder auch langweilig spricht; langweiliger Mensch

Dat is 'n rechten ollen Dröhner.

Dröhneree = langweiliges Gerede usw.

dröhnen = langsam, langweilig und gewichtig erzählen

dröhnerig = langsam, langweilig usw.

Drömel, Drömelmors, Drömel-Peter, Drömelack, Drömer, Dröömbüx, Dröömpott

schlaftrunkener, träumerischer, langsamer Mensch, Träumer, Phantast, Schlafmütze, Zauderer.

Drömers un → Slömers (Faulenzer) sünd all over en Kamm schoren (taugen nichts).

Dröögblatt, Dröögbloot (→ Bloot), Dröögklööt (→ Klööt), Dröög-Peter

Trocken-, Löschblatt usw., langdrahtiger, langweiliger, geistloser, schweigsamer, ›trockener‹ Mensch, Träumer, Zauderer

dröög = trocken, dürr.

Drummel(kater)

mächtiger, starker Mensch; jemand, der mehr vermag oder weiß als andere (anerkennend)

Wat de Drummel neet all kann, man sullt neet löven, wenn 't en neet sach.

auch: Ausbund, Lümmel, Racker, Schelm, Taugenichts; wildes, jungenhaftes Mädchen.

De Jung, dar mußt up uppassen, dat word 'n Drummel.

Du Drummelskind.

aber auch: Böser, Satan, Teufel

Paß up! De Drummel haalt di, wenn du lüggst.

Dudd(e)kopp, Dudd(e)lapp

Dummkopf, Einfaltspinsel; Träumer

Duddigheit = Dummheit; Träumerei

dudde(r)n = betäubt sein, dösen, träumen usw.

dudder(i)g, duddig = dumm; betäubt, schläfrig; wirr, sinnlos.

Düllbrägen, Düllkopp

Tollhirn, Hitz-, Tollkopf, aufbrausender, jähzorniger Mensch

düll = toll, böse, erzürnt, wütend; fürchterlich

düller as düll kann 't neet

Ik bün düll up di (bin dir böse).

so düll (scharf) as Mustert (Senf) = bitterböse

düllkoppd, düllkoppig = toll-, hitzköpfig, aufbrausend, jähzornig, wütend.

Dummbart, Dummerjan, Dummkopp, Dummsnuut

Dummbart, Dummerjan, Dummkopf, Dummschnauze, Einfaltspinsel, Tropf.

Dünnbeer

Dünnbier, magerer, kraftloser, schwacher Mensch

Du Dünnbeer, wat wullt du wall maken.

Du arme Dünnbeer, wat duurst du mi, oder:
Dünnbeer, wat gäärst du! verspottet man einen dümmlichen, aber arroganten Menschen.

Dütt(e), Düttje

meistens: olle Dütte = alte Jungfer, alte Schachtel
auch Kosewort: Töchterchen, Liebchen, Schätzchen, Püppchen; auch an weibl. Vornamen angehängt: Antje-Dütte, Geeske-Dütte.

Duuknack(e)

Ducknacken, Mensch, der mit geducktem Kopf (gekrümmten Nacken) geht; Duckmäuser, Heimtücker
He is 'n rechten Duuknack(e), de Satan is neet to troen.
duuknackt = mit gebeugtem Nacken.

Düürverkoper

Teuerverkäufer, jemand, der nur hohe Preise für seine Waren fordert.
De Koopmann, dat is 'n Düürverkoper.

Duuskopp, Duselkopp, Duse-Peter, Dussel-Peter, Dusselkopp

Dummerjan, Träumer, dösiger Mensch
dusig = schwindlig, betäubt, wirr.

Düütsder, Düütser, Düütsker

Deutscher, jemand, der nur hochdeutsch und kein Platt spricht; Nichtostfriese
Uns Heergott weet 't all, man de Düütsders weten 't all beter.
düütsk = deutsch
›Zu dienen‹, sä Reint Pupkes, do sprook he düütsk.

Duuvke

Täubchen, Hure
auch: Kosename.

Düvel

Teufel (Verkörperung des Bösen und Schimpfwort)
Du oll Düvel oder auch verstärkt: Du blixemse Düvel (→ Blixem).
Es gibt zahllose Redensarten und Sprichwörter vom Teufel, einige wenige Beispiele sollen genügen:
He (se) is de Düvel achter van de Karr offallen (oder: pultert) (er [sie] ist ein böser, roher, schlechter Mensch).
He is half Düvel, half Minske.
Wat för 'n Düvel hett mi bi 't Geld seten.
As ik krank weer, hett sük kien Düvel um mi kümmert.
Nu kiek de Düvel an (man sollte es nicht für möglich halten) usw.
Der Volksmund gab dem Teufel (aus Furcht) eine Vielzahl weiterer, verhüllender, teils euphemistischer Namen:

Anner, Blau-Jan, → Blix, Blixem, Blixen, Böös, Bumann, Deibel, Deubel, Deuker, Deuxel, Dexel, Döker, → Dönner (-kater, -slag), dat dönnerkaterse Ding, Dövekater, → Drevel, Drievel, → Drummel (-kater), Düker, → Düv(e)kater, Feend, Jan Fink, Jan Rött, Olle, oll Böös, oll Fent, oll Jööd, oll Jung, oll Knecht, Kuckuck, Oolke, Oolkert, de mit de Peerfoot, Quade, quade Gast, Sackerlot, Sagebuck (→ Flüche), Satan, Saterdag, Swart(e), swart Oss (auch: Tod), Verdarver (kirchlich)
Wie im Hochdeutschen wird ›Düvel‹ auch in zusammengesetzten Wörtern gebraucht, z.B.: Düvelsfent, → Düvelskeerl (Teufelsbursche, -kerl), Düvelswief (Teufelsweib), meist widerwillig anerkennend.
düveln = sich wie ein Teufel gebärden; fluchen, toben, schelten
düvelachtig, düvelsk = teuflisch
Düvelee = Teufelei.
s.a. Flüche usw.

Düvelskeerl

Teufelskerl, Mordskerl, Tausendsassa;
auch widerwillig anerkennend
Wat hett de Düvelskeerl nu al weer utfreten.
Wo hett de Düvelskeerl dat blot klaar kregen?

Düv(e)henker, Düv(e)kater (auch Döv[e]kater)

Teufelshenker, Teufelskater, Teufel (verhüllende Bezeichnung), Bösewicht, schlimmer Geselle (ndl.: duivekaters = verteufelt)
auch: Teufelchen, verflixter Bursche und Ausruf:
Teufel nochmal!
Dat is 'n Düüvkater van Jung.
So 'n Düüvkater as he, leevt der neet.
Du Düüvkatersjung = Teufelsbraten.

Dwaggelmors

Wackelarsch, jemand, der mit dem Hintern wackelt bzw. ihn beim Gehen hin und her bewegt, oder auch: unruhiger Mensch, der kein Sitzfleisch hat; jemand, der unruhig auf dem Stuhl sitzt.
Dat is so 'n rechten Dwaggelmors, he kann sien Leven neet still sitten.
dwaggeln = wackeln, wanken, schwanken.

Dwars- oder Dwassboom, Dwarsbüngel, Dwarsdriever, Dwarsfleit, Dwarskopp, Dwarspahl, Dwarrelkopp

Querbaum, -klotz, -treiber, -flöte, -kopf, -pfahl,
Quer-, Starrkopf, querköpfiger, ungehobelter, widerspenstiger Mensch, Trotzkopf, Wirrkopf
Du oll Dwarsbüngel.
auch: Dwass-in 't-Holt
dwars, dwass = quer; verdreht, verkehrt, verrückt, unsinnig; widerspenstig.

Dwarskieker

Quergucker, Schielender, auch übertr.: jemand, der schräg, falsch guckt

Dwass

Narr, Tor

Dwaseree, Dwassheit = Narrheit, Torheit, Verrücktheit

Dwattje

albernes, einfältiges, unbedeutendes Mädchen (Frau)

De 't Dwattje nimmt um 't Schattje (Schatz, Geld),
un 't Schattje is vertehrt,
blifft 't Dwattje bi de Herd.

dwass, dwattsk = einfältig, töricht, unsinnig

(ndl.: dwaas = töricht; dwaze = Narr)

→ Quattje.

Eekster, Heekster, Heister

Elster

neugieriges Mädchen, schwatzhafte, zanksüchtige, auch diebische Person

He kann käkeln as 'n Heekster.

He hett 't in de Mund as de Heekster 't in de Steert (ist sehr redselig).

Holl dien Beck, dat is ja jüst so, as wenn du Heekstereier eten harrst.

He lüggt (oder: schackert) as 'n Heekster.

He is so vief (lebendig) as 'n Eekster.

Se stehlt as 'n Eekster.

He (se) is so 'n rechten lüttjen Heekster.

Well en Eekster utstüürt, kriggt en bunten Vogel weer.

He is van 'n Heekster achter d' Diek scheten (ist unehelich geboren).

He is nett so bunt as 'n Heekster.

(h)eekstern = keifen, zanken usw.

Eerdenwurm

Erdenwurm

geldgieriger Mensch, Geizhals

Dat is 'n rechten Eerdenwurm.

Eevtask(e) → **Heevtask(e)**

Esel; Eselskopf

Esel; Eselskopp, dummer Mensch
He is 'n rechten Esel.
Du kannst woll mit 'n Esel kacken, man neet snacken.
De to 'n Esel geboren is, kummt neet up 't Peerd.
Well sük as Esel bedraggt, word as Esel verköfft.
De wat schrifft un kann 't neet lesen, mutt wall 'n dummen Esel wesen.
Warum büst du so 'n Esel, dat du di alls uppacken lettst.
He sitt derup as de Esel up de Pluumboom (unbeholfen).
Man mutt vööl Hei hebben, wenn man all Esels 't Muul stoppen will.

Etegeern

guter Esser; Fresser, Vielfraß; Gourmet
He is 'n rechten Etegeern.

Fäling

(West)fälinger, Westfale, dummer Mensch
Die westfälischen Wanderarbeiter und -händler, die vor allem im 19. Jahrhundert nach Ostfriesland kamen, waren als besonders dumm verschrien.
He is nett so dumm as 'n Fäling, he weet van keen Tuten of Blasen.
Im ostfriesischen Volksmund gibt es zahlreiche Anekdoten und Sprichwörter über die Fälinger.

Feger(t)

Feger, jemand der alles sauber und überaus ordentlich hält, tüchtig arbeitet, darauf losgeht usw., Mannweib; auch Herumtreiber(in), Hure
Dat is ja 'n Feger, de düürt der wesen.
He hett 'n Fegert van Wief, de geiht d'rup daal.
auch: Wirbelwind.

Fent

Bengel, Bursche, Knabe, junger Mensch
Fent wird meistens neutral, positiv (widerwillig anerkennend oder auch liebkosend) verwendet
Du oll Fent. Dat is di 'n Fent.
Du verdreihde Fent = ›verrückter Hund‹
Dat is en Fent van Jung (das ist ein Bursche).
seltener abwertend in der Bedeutung: leichtsinniger, unreifer, windiger usw. Bursche
En jungen, drummelsen, dummen, fienen, laffen, langen, mojen, naren, putzigen, snöttergen usw. Fent.
seltener auch: Impotenter
'n Fent hett keen Klöten (Hoden).

Fiem(e)ler

Heuchler, Frömmler, Scheinheiliger
Fiene Fiem(e)lers sünd quade (böse) Fiem(e)lers.
fiem(e)lig, fiemelg = heuchlerisch, schön und fein tuend, frömmelnd.

Fien(e)

Feiner, vor allem in der Bedeutung: Frömmler, Heuchler, Pietist, auch: schlauer, durchtriebener Mensch
He höört to de Fienen.
He is een van de Fienen.
De Fienen, dat sünd de slimmsten, dar nimm di för in acht.
Fien(ig)heid = Feinheit, Schlauheit; Berechnung, Schärfe.

Fienfleiter, Fienpuup

Feinflöter, Feinfurz
Schlauberger, Schlaukopf, Neunmalkluger.

Fienpiss

Feinpisser, (hochdeutscher) Vornehmtuer, Snob.

Figöök

Jammergestalt, erbärmliche Kreatur.

Filu

Filou, geriebener Bursche, falscher, hinterhältiger, gemeiner Mensch, Gauner, Spitzbube; auch anerkennend: glatter, geschliffener, intelligenter, auf seinen Vorteil bedachter Mensch, Schlaukopf; Frauenverführer
Dat is 'n Filu, dar must vör uppassen.
(frz.: filou).

Flöär, Flöärkatte, Flöärkater, Flöärdagge, Flöärtaske

Plauderkatze, -kater, Plaudertasche, Schwätzerin, Schwatzmaul, schwatzhafte, gemeine Person, Angeber, Verräter

flären = klatschen, plaudern, verraten usw.
fläärsk = schwatzhaft, angeberisch.

Flappert, Flapp(er)taske, Flappschöttel, Flappsnuut
Plaudertasche, Klatschbase
Du büst 'n ollen Flappert.
flappen = ausplaudern, nachschwatzen, verraten.

Flappkatte
Klatschkatze (vor allem von Kindern), jemand, der seine Mitschüler(innen) verrät.

Flapps
ein körperlich und geistig schlaffer und schwacher Mensch, Schlapps, Schlappschwanz; Schlafmütze; Flegel usw.
auch: (klatschender) Schlag, Klapps.

Fläter
breites, großes Maul, grobes Maul, Schwatzmaul
He hett so 'n Fläter, dat man heel neet stoppen kann.
Holl dien Fläter, of ik geev di der en up.
flätern = plaudern, schwatzen, Unsinn oder grobes, gemeines Zeug reden.

Fliemstrieker
Flaumstreicher, Schmeichler, Heuchler, Schöntuer
jemand, der einem um den Bart streicht
fliemen, fliemstrieken = schmeicheln, schöntun, streicheln
Hum steiht de → Beck na Fliemstrieken un Mundproten.

Flinderke, Flinnerke
Flatterer, flatterhafter unzuverlässiger Mensch
eigentl.: Flattergeschöpf, Schmetterling (Tagfalter);
auch: alte Münze.

Flintkopp
Hartkopf, Starrkopf
(Flint = Feld-, Kopfstein).

Flirr, Flirre, Flirt, Flirtje
flatterhaftes, flüchtiges, leichtes Mädchen
Dat is so 'n Flirtje.
En Flirtje van Wicht.
eigentl.: ein kleines, dünnes usw. Etwas, Kleinigkeit, Flitter, Flitterchen;
auch: Fetzen, Lappen; oder: leichter Schlag, Ohrfeige.

Flittje
Flittchen, leichtes, leicht gekleidetes, leichtfertiges flatterhaftes Frauenzimmer

auch: kleines leichtes, schnelles Boot; dünnes, kleines, flaches Stückchen, Flitterchen
z.B. en Flittje (»Flitzchen«) Brot.

Flügg-over-de-Heid
Jemand, der über die Heide fliegt, Hexe, Zauberin (nur als Scheltwort).

Flügg-up, Flügg-up-(de)Lien
lebhaftes, unruhiges, flüchtiges Kind
Du büst 'n lüttjen Flügg-up (Flügg-up-de-Lien).

Flunkerer
Aufschneider, Lügner, Prahler
Flunkeree, Geflunker = Flunkerei, Geprahle.
flunkern = aufschneiden, lügen, prahlen.

Flutter, Flutter(s)ke
›leichte‹, flatterhafte Person, Frau, die sich oft auf der Straße herumtreibt; Schlampe
auch: leichtes, fliegendes, flatterndes Etwas, Flitter, Fetzen, Lappen
fluttern = flattern, herumschwärmen.

Flur, Flurtje
flatterhaftes, leichtes, unordentliches Mädchen; nichtsnutziges Ding
Dat is 'n Flurtje van Wicht.
eigentl.: Fetzen, Lappen; auch dünne (schwimmende) Dreckschicht
flurtjen = weit und breit umherspritzen; dünn scheißen usw.

Fraagmors, Fraagneers
Fragarsch, lästiger, unverschämter Fragensteller, Neugieriger.

Frante(r), Frantbüdel, Frant(e)pott, Frantsack
grämlicher, mürrischer, verdrießlicher Mensch
frante(r)n = belfern, mäkeln, murren, nörgeln usw.
franterg, frant(e)rig = grämlich, mürrisch, nörgelig, verdrießlich
He is so franter(i)g as 'n Pott vull Lusen.
He kickt so franter(i)g ut, dat man haast bang vör hum worden mutt.

Freter, Freetbüdel, Freetsack, Frettpans, Frettsack, Frettup, Freetwulf
Fresser, Vielfraß, Nimmersatt usw.
Dar worden keen Freters geboren, se worden darto maakt.
De Freter seggt: Wat hett man anners van de Welt, as wat man der mit de Tannen ofritt.

Frögel → **Wrögel**

Frome, Froom, Froomschieter

Frommer, Frommscheißer, Frömmler, Scheinheiliger, Heuchler
He is van de Fromen.
De Fromen sünd neet alltiet de besten.
eigentl.: Frommer, Gottesfürchtiger (im positiven Sinne).

Fröstkötel

jemand, der leicht friert.

Fröter, Wröter

Reißer, Wühler, unruhiger Mensch; auch: Schnüffler
He is so 'n rechten lüttje Fröter van 'n Kind.
He sitt overall mit Frööt in un snüffelt all dör.
(Fröte, auch Wrööt = rüsselartige Nase, Schnauze des Schweines; auch: Maulwurf).

Fröötsker, Wröötsker

stänkeriger, streitsüchtiger, ekliger Mensch, Stänker, Raufbold usw.
fröötsken, wröötsken = stänkern, Streit und Ärger verursachen
fröötsk, wröötsk = wühlerisch, streitsüchtig.

Fudde, Fur(d)e, auch: Fodde

ordinäre Frau, Schlampe, Hure usw.
eigentl.: Fetzen, Lappen, Lumpen usw.
Fuddenkraam = Lumpen-, Trödelkram
Fuddenmarkt = Trödelmarkt
he höört up de Fuddenmarkt to Huus = er ist von geringer Herkunft
fuddig = lumpig; lose, schlaff usw.

Fummelke, Fummeltaske

nachlässige, unordentliche Person (meistens ältere Frau).

Fusker

Pfuscher, nachlässiger, schlechter Arbeiter
fusken = pfuschen, rasch, nachlässig und schlecht arbeiten
Fuskeree = Pfuscherei usw.

Fuulbeck, Fuulsnuut

Schmutzmaul; jemand der ein faules, unnützes Maul hat, Lästermaul, Schandmaul, Zotenreißer usw.
fuul = schmutzig; gemein, schlecht; faul, träge; hinterlistig, schlau
He hett so 'n fulen Snuut (führt gern unanständige Reden).
He is 'n fulen Fent
ein hinterlistiger, schlauer, schlimmer Bursche.
He is mi vööls to fuul (viel zu gerieben, schlau).

Fuulbröder

Faulbrüter, jemand, dem durch eigene Nachlässigkeit alles mißlingt, der bei der Arbeit verunglückt usw., Pfuscher, Stümper
He is 'n Fuulbröder de 't alltiet all verdarvt.
eigentl.: Bruthenne, Vogel, die (der) ihre (seine) Eier vernachlässigt.

Fuulpuup

Klugfurz, Klugscheißer, Naseweis; auch: geriebener, hinterhältiger Mensch.
He is 'n rechte Fuulpuup.
auch: Wiedehopf (Vogel).

Fuulwams

Faulpelz.

Füürfreter

Feuerfresser, jemand (vor allem eine Frau), der (die) sich an alles heranwagt und vor nichts Angst hat; Unband, Wüterich; Hitzkopf
Dat is ja 'n Füürfreter, de he dar hett, dat Wief ritt sük bold of un düürt overall up an.
En Füürfreter van Wief, Keerl.
De Jung, dat is so 'n lüttjen Füürfreter.
auch: eifriger, ungemein arbeitsamer Mensch.

Gaaps(ch)nuut, Gaapstock, Gapenbeck, Gapenstock, Gaper(t)
Gaffer, Maulaffe; neugieriger, stupider Mensch
Hier sünd keen Gaapstocken to koop! (um einen Gaffer abzuweisen).
He is 'n rechten Gapenbeck.
Du Gapenbeck, wat steihst du dar mit 'n Beck vull Tannen.

Gaffeltang(e)
Gabelzange, scharfzüngige, zänkische; bösartige, freche Frau.

Gah-bi-d'-Naht
Geh-an-die-Naht (zusammenhängend gesprochen), jemand, der alles sehr genau nimmt, übergründlich ist, Pedant, Sparsamer, Habsüchtiger usw.

Galper(t), Gilper(t)
Schreier, Schreihals, Großmaul
Du blixemse Galpert van Jung, wullt du dien Snuut wall hollen!
eigentl.: aufgesperrtes, schreiendes, hungriges, nach Essen verlangendes Maul von Menschen oder Tieren (hier meistens Gilpert).
galpen, gilpen = laut und scharf schreien, kreischen.

Galpsack
Schreihals; gieriger, unverschämter, zudringlicher Mensch
galpen = laut schreien, rufen usw.
galpern, gilpern = heftig und ununterbrochen nach Essen schreien, begierig verlangen.

Ganter
Gänserich
He puust (zischt) as 'n Ganter.
Du olle grannige (grobe, verdrießliche) Ganter!

Gatt
Loch, Arsch, Hintern, After, Arschloch
Kannst du neet still up dien Gatt sitten blieven?
Sett di up dien Gatt! = Setz dich auf den Hintern!

Gaudeev
Gaudieb, Galgenstrick, Gauner, Betrüger, Taschenspieler
besonders schlauer, verschlagener Dieb
He geiht up Sluren as 'n Gaudeev.
verballhornt auch wohl: Klaudeev (Klaudieb).

Geck
Geck, Narr, Spaßvogel; alberner Mensch
Alltogoot is sien Nabers Geck (oder: annermanns Narr).
Ik will allmanns Geck neet wesen.
geck = närrisch, unklug, verdreht, wunderlich
Du büst ja 'n gecken (verdreihten) Keerl.

Gitzert, Gitzdert
geiziger, (hab)gieriger Mensch
He is so 'n Gitzert, dat hum de Musen in 't Brootschapp versmachten.

Gitzhals, Gitzhammel, Gitzkraag, Gitzlapp(e), Gitzmichel, Gitzpans
Geizhals, Geizhammel, Geizkragen, Geizlappen, Geizmichel, Geizwanst
De Gitzmichel geiht 't as de Swienen, de doon eerst Goods, wenn se doot sünd.
gitzig = geizig.

Gluper(t)
boshafter; falscher, heimtückischer; gewalttätiger, rücksichtsloser Mensch
glupen = offen stehen; gaffen, glotzen, starren; lauern
gluupsk = boshaft, heimtückisch, lauernd usw.

Gluupoog
Glotzauge; großes, weitgeöffnetes, hervortretendes Auge.

Gnarrpott, Gnurrpott, Gnurr-Peter
brummiger, mürrischer, unzufriedener, verdrießlicher Mensch
gnarren, gnurren = brummen, knurren, murren usw.
gnarrig, gnurrig = brummig, knurrig, mürrisch, verdrießlich.

Gnaster, Gnatterkopp, Gnattermors, Gnatzkopp; Gnitzkopp, Gnittermors; Gnuttermors, Gnutterpott
brummiger, mürrischer, verdrossener, verdrießlicher Mensch
gnätern, gnattern, gnuttern = murren, verdrießlich sein
gnistern, knistern = knirschen, knistern
gnadder(i)g, gnatter(i)g, gnitter(i)g, knitter(i)g, gnutter(i)g, knutter(i)g = verdrießlich, mürrisch, unzufrieden.

Gnieser(t), Gnies(e)ohr
Geizhals, Knauser, Knickerer
jemand, der die Ohren dicht am Kopfe hat und deswegen nicht hören will oder kann, wenn jemand ihn um etwas bittet (Doornkaat-Koolman).
gnieser(i)g, knieser(i)g = filzig, geizig, knickerig usw.

Göök
Hanswurst, Schalk, Spaßvogel; Fatzke
So 'n mallen Göök van Keerl gifft 't man een.
auch → Jan-Göök.

Goos
Gans, Bedeutung wie im Hochdeutschen: Plappermaul, Schnatterin; alberne, dumme Person
Du büst 'n Goos van Wicht, oder: so dumm as 'n Goos.
He is mit de Gosen in d' Prozeß, he weet neet, of he Haar of Feern unner de Nöös kriggt (er ist ein Grünschnabel).

He maakt 'n Gesicht as de Goos, de 't dönnern hööirt (ein dummes, erstauntes, erschrockenes Gesicht).
Dat geiht hum as de Gosen, he mutt alltiet snatern.
De sull 'n Goos vör 't Knee binnen (de hum proten hulp), sagt man von einem Schweigsamen.
He wabbelt (oder: waggelt) as 'n dicke (oder: fette) Goos.
Dar sitt de Goos up de Eier (ist dickfellig und kommt nicht von der Stelle).
→ Ganter, → Gooske, → Tottergoos.

Gooske
Gänschen, kleines, gutmütiges, dummes Mädchen (Frau), das (die) handelt, ohne nachzudenken und sich leicht betrügen läßt.

Gootbloot, Goothals
Dummkopf, Töffel; Stoffel
eigentl.: guter, gutartiger, ehrlicher, hilfsbereiter Mensch.

Gootje
gemeines, minderwertiges, schlechtes, wertloses Zeug
Smiet dat Gootje man to 't Fenster ut, dat is doch nix mehr weert.
gemeines, minderwertiges Pack, Volk
Jaag dat Gootje doch weg.
Dat Volk is 'n gemeen (mall) Gootje.
häufig auch in Verbindungen wie:
Fiemelergootje = Heuchlerpack
Kinnergootje = Kinderschar
Hoorengoot = Hurenpack
Goot(je) eigentl.: Besitz, Gut, Habe, Zeug.

Görtbeck
Grützmaul, Breitmaul, großsprecherischer Mensch.

Gört(e)teller, Görtjeteller
Grützezähler, jemand, der jedes einzelne Korn zählt,
Geizhals, Knauserer, Genauigkeits-, Kleinigkeitskrämer, Pedant, ›Erbsenzähler‹.

Gottsbloot → **Bloot**

Grannpans
Geizbauch, Geizhals
Du olle Grannpans büst ok keen Minsk wat günnen.
grannen = scharren, geizen
grannig = genau, scharf, habsüchtig, geizig.

Grelloog

Grellauge, jemand, der grelle oder feurige, funkelnde, scharf und starr blickende, auch begehrliche Augen hat

Dat Wicht is so 'n rechten Grelloog.

grelloogt = grelläugig, mit grellen, feurigen, scharfblickenden Augen.

Gremer

Manscher, Sudeler, jemand, der schmutzt, manscht, pfuscht

gremen = schmutzen, schmieren, sudeln, pfuschen

gremer(i)g = schmutzig, sudelig, unreinlich.

Griesert

Greis, alter grauhaariger Mann (meist abfällig).

(ndl.: grijsaard)

Griesmors

Grauarsch, Miesepeter, Nörgler, mürrischer, verdrießlicher Mensch.

Gröönsnuut

Grünschnabel

Du → snötterge Gröönsnuut.

Grootbeck, Grootsnuut

Großmaul, Prahlhans usw.

Groot-Hans

Großhans, Angeber, Großtuer, Prahlhans, Wichtigtuer.

Groot-in-d'-Mors

Groß-im-Hintern, Angeber, Großtuer, Prahlhans, Wichtigtuer, eingebildeter, hochnäsiger Mensch.

Grootmienheer
großer (bedeutender) Herr, Großkaufmann; auch: Dicketuer.
(ndl.: **mijnheer** = Herr).

Grubber
Geizhals
grubbig, grabbig = gierig, habsüchtig.

Grübeltje
Grübelchen, jemand, der vor lauter Nachdenken nicht aktiv wird, unentschlossener Mensch, Zauderer.

Güüt(je)
lockerer, loser Vogel; Faxen-, Spaßmacher, Komiker, Schelm
He is 'n Güüt, du mußt hum neet tovööl troen.
Güütje auch: loser Streich.

Haalover; Haaloverske
Holüber, jemand, der alles zu sich hinüberholt oder -zieht, an sich rafft oder raffen will und alles beherrschen will
daher auch: Haustyrann, Teufelsbraten, Mannweib, unverschämte Person; Teufelsweib, grausame, quälerische Frau, (auch: anerkennend)
He hett dar so 'n Haaloverske van Wief, dat he sük heel neet ückern (äußern, mucksen) dürt.

Haavke
Habicht
Aufpasser; gieriger Mensch; Mensch mit einem Raubvogelgesicht
Dar sitt en Haavke up de Pahl (up 't Heck).
(Nimm dich in acht, da ist ein Aufpasser).
He sücht ut as 'n Haavke.

Hackenbieter
Hackenbeißer, boshafter, aber unschädlicher, unbedeutender; auch: hinterhältiger Mensch, Giftzwerg; Pfuscher, Stümper
eigentl.: kleiner (bissiger) Hund, der allenfalls in die Fersen beißen kann, ›Dackel‹.

Hack un Mack (oder: Pack)
gemeines, schlechtes Volk, Pack, Pöbel, gemischte Gesellschaft, Krethi und Plethi
Ik will neet bi elke Hack un Mack (oder: Pack) sitten.
Hack = Schlag, Stoß; Stück; Gehacktes, Zerkleinertes.

Hahn, Hahntje
Hahn, Hähnchen, eitler, eingebildeter, prahlerischer, vorlauter Mensch, auch: sexuell ausschweifender Mann
He is so 'n recht Hahntje (auch: Kappershahntje = Kampfhahn).
He **strüüvt** (brüstet, plustert) sük as 'n Hahn.
He flüggt (löppt) herum as 'n Hahn sünner Kopp.
He is krank as 'n Hahn, mag goot eten un nix doon.
He leggt krumme Eier as 'n Hahn.
De oll Hahn kann frömde Höhner neet in Free laten (sagt man von einem ungetreuen Ehemann).
Wor 'n goden Hahn is, lett de Henn dat Kraihen.
(auch: Krüll- oder Piethahn = Penis).
hahnig = geil, üppig
→ Kraihahn.

Halfmall
Halbverrückter, Töffel, Idiot; wunderlicher Mensch
He is man 'n Halfmall.
halfmall = halbverrückt; wunderlich.

Halfslagg
Halbschlag, Zwitter, Zwitterding, Stümper, etwas Unvollkommenes, das nicht für voll durchgehen kann
Dat is man 'n Halfslagg-Kind, -Peerd usw.
halfslachtig = halbschlächtig, zwitterartig.

Halsofsnieder
Halsabschneider, Wucherer usw.

Handje-Vörmaiher
Händchen- oder Hänschen-Vormäher
voreiliger, unbesonnener Mensch, der sich in alles unbedacht und unberufen hineinmischt und überall (z.B. bei Tisch) zuerst zulangt
He is 'n rechten lüttjen Handje-Vörmaiher, de overall rinproot un alls beter weten will as anner Lü.

Hans-Ars
Hans-Arsch, allgemein abwertend.

Hans-Damp
Hansdampf, jemand, der über alles (oberflächlich) Bescheid weiß, sich geschäftig um viele Dinge kümmert.

Hans-Eenfolt
Hans-Einfalt, einfältiger Mensch
Hans Eenfolt wull de Welt vermehrn, do wähl he sük en stevigen Deern.

Hans-Lüüg
Hans-Lügner, großer Lügner

Hans-Narr
Hansnarr; Hanswurst, dummer, einfältiger Mensch.

Hans-Sünner-Kopp
Hans-ohne-Kopf, kopfloser Mensch, auch: Dummkopf
He is 'n Hans-Sünner-Kopp.

Hans-Wind
Windbeutel, Prahler
Snabelschoh un Slauchbüx (enge Hose),
'n Bibi (steifen Hut) up de Kopp,
'n Knieptang van Jickert (enge Jacke),
un Hans-Wind is tipptopp.

Hanske
Handschuh, (eigentl.: ein Handschuh, in dem keine Hand steckt), Schlappschwanz, Schwächling, körperlich schwacher Mensch, oder auch: willensschwacher, energieloser, weichlicher Mensch ohne Rückgrat und Stehvermögen, häufig in der Verbindung: 'n Hanske van Keerl
Dat is man blot 'n Hanske van Keerl.

Hänsken-Tweederlei
Zwitter, Hermaphrodit, Mensch mit Geschlechtsmerkmalen beider Geschlechter.

Happert
ein ›happender‹, gieriger, freßsüchtiger Mensch
eigentl.: weit geöffneter, gieriger, schnappender Mund.

Harm-Sluuk → Sluuk → Slukert

Hebberecht
Haberecht, Rechthaber, Dickkopf
He is so 'n rechte Hebberecht, wor heel neet mit to proten is.

Heekster → Eekster

Heemke

Heimchen; Schwächling, kleiner, zierlicher Mensch
He is man so 'n Heemke.
En Heemke van Wicht.
He sücht ut (ist so klein), is nakend as 'n Heemke.
He singt as 'n Heemke (spöttisch).

Heergottsbloot, Heergotts-Harm → Bloot

Heevtask(e), Eevtask(e)

Eidechse; giftiges Frauenzimmer; Mensch von quecksilbriger Lebendigkeit.

Heidenpack, Heidenvolk

Heidenvolk, heidnisches (unchristliches) Pack oder Volk usw.
heiden = heidenmäßig, unvernünftig, fürchterlich, höllisch, z.B.: Dat was en heiden Lärm.

Heiduck; Heiduckenpeerd

Heiduck; Heiduckenpferd
dummer, grober, ungehobelter Mann (allgemein abfällig)
Heiduck, ursprüngl.: Hirt oder Soldat, Ungar.
Heiduckenvolk = gemeines Volk.

Heister → Eekster

Held

Held, kühner Mann
meistens abfällig das Gegenteilige:
Dat is 'n Held (in 't Feld) = ein überaus ängstlicher Mensch. He is 'n Held in 'n Düstern = Maulheld.

Hellhake, Hellhaak

Schürhaken; böses, herrschsüchtiges, zänkisches Weib, Höllendrache
Dat is 'n Hellhake van Wief.

Hibbel, Hibbelgatt, Hibbelmors, Hibbelscheet; Hippel; auch: Hipsel

alberner, närrischer; auch: ungeduldiger Mensch, Zappelphilipp; Gans, Närrin
Du Hibbel van Wicht.
Wat kann de oll Hibbel sük tieren (anstellen).
Hibbelee = Zappelei usw.
hibbeln = ungeduldig sein.

Hiepkunter, Hippkunter, auch: Tiepkunter

Hypochonder, eingebildeter Kranker, schwermütiger, trübsinniger Mensch
He hett 't Hiepke = er ist hypochondrisch
hippkuntersk = hypochondrisch.

Himphamp

gebrechlicher oder humpelnder Mensch, Stolperer; Stümper; Kleinigkeit, Kram, Machwerk, Wirrwarr; stümperhafte Sache

En Himphamp van Keerl, Ding.

Himphamperee = Pfuscherei, Stümperei.

Hingst

Hengst; geiler Mann

Du geile (oder: klapperge) Hingst.

Sprichwort: Froh Hingst, froh Ruun,
froh → Hahn, froh Kapuun.
(Früh Hengst, früh Wallach,
früh Hahn, früh Kapaun).

He mutt daags arbeiden as 'n Peerd un 's nachts as 'n Hingst (boshaft von einem jungen Ehemann).

Hinkepinke, Hinkepank

Hinker, Hinkefuß, Hinkender, Lahmer (abfällig);
übertr.: jemand, der kein Geld (mehr) hat, zahlungsunfähig, nicht kreditwürdig ist, fauler Schuldner.

Hinnerk, holten H.

hölzerner, unbeholfener Mensch.

Hinnerk, iesdern H.
eisenfester, kräftiger, kerngesunder Mensch.

Hinnerk, knaken H.
knochiger, auffallend magerer Mensch.

Hinnerk, stief H.
schwerfälliger, steifer, unbeweglicher Mensch.

Höhnerdeev
Hühnerdieb, Dieb, der meistens Kleinvieh oder kleinere Gegenstände stiehlt
He gluupt van unnern as 'n Höhnerdeev.

Höhnermors, Höhnerneers
Hühnerarsch, allgemein abfällig
häufig in der Verbindung: Du neesgierige (neugieriger) H.
He is nett so neesgierig as 'n H.

Hoor
Hure
Se is 'n ganz gemenen Hoor.
Se stinkt as 'n Hoor.
Hoor(d)eree, Hoorkraam, Horenkraam = Hurenkram, Hurenwirtschaft, Hurerei, Unzucht
Horenhuus, -nüst = Hurenwirtschaft, Bordell, Kaschemme
horen, herumhoren = huren, Unzucht treiben
hoorsk = verhurt, der Hurerei ergeben.

Hoorder, Horenbuck
Hurer, Hurenbock, Mann der ein auffälliges, übersteigertes Geschlechtsleben hat
Du büst 'n rechten Horenbuck.

Hoorkind, Horenkind
Hurenkind, Bastard.

Hörntje
Hornisse, Wespe
He is nett so fileinig (stechend, giftig, hinterlistig) as 'n Hörntje.
De Hörntjes targt (reizt), word van hör stoken.

Hörnflint(e)
Eckstein, jemand (z.B. ein alter Verwandter), der schon seit vielen Jahren den Ehrenplatz in der Ecke am Feuerherd (Hörn) behauptet, unbeweglich wie ein Feldstein (Flint).

Hund
Hund (Bedeutung wie im Hochdt.)
Du Hund (van Keerl)
meistens mit einem entsprechenden Eigenschaftswort:

Dat is 'n falsken (falscher), bangen (feiger), scharpen (strenger), bietsken (frecher), gemenen (gemeiner), sturen Hund (van Keerl).

Du Hund van Katt! (zu einer ungehorsamen Katze).

Redensarten:

De 'n Hund smieten will, kann licht 'n Steen (oder: Knüppel) finnen — De sük för 'n Hund verhüürt, mutt Knaken freten — Blaffende Hunnen bieten neet — 'n ollen Hund is quaad (schlecht) blaffen lehrn — De Hund, de slöppt, bitt nüms — En slechten Hund, de sien Herr verraadt — Wor een Hund an pisst, dar pissen se all an — He is bekennt as en bunte Hund — Se leven mit 'nanner as Hund un Katt — He is nett as 'n Hund de ut de Kedd kummt — He schüddelt 't of as 'n Pudelhund.

Hundje-Biloper

jemand, der wie ein Hund mitläuft, Mitläufer, unbedeutender Mitarbeiter usw.

Dat is man blot so 'n Hundje-Biloper.

→ Biloper.

Hungerlieder

Hungerleider; armseliger, elender Mensch.

Huusbigge

Hausferkel, Ofen-, Stubenhocker.

Huusdüvel

Hausteufel, Hausdrachen, Kratzbürste.

Imm(e)

Imme, Biene

He (se) steekt (sticht), is fileinig (giftig, boshaft), is flietig (fleißig), flügge (munter) as 'n Imme.

He is so blied(e) (fröhlich) as 'n Imme.

Büst nett so klook as 'n Imme, kannst blot kien Hönnig maken.

Ja-Bröör

Jabruder, einer, der zu allem ja sagt; unselbständiger, schwacher willenloser Mensch, der keine eigene Meinung hat oder zu feige ist, diese zu äußern

He is 'n rechten Ja-Bröör, he nickkoppt blot un seggt van ja.

Jackhals

armer, verkommener, zugleich frecher Bursche; anmaßender Dreinredner; mittelloser Prahlhans, Habenichts; Maulaffe; gieriger Mensch

jackhalsen = heißhungrig und gierig sein usw.

(ndl.: jakhals = Schakal).

Jahnert, Jahns(ch)nuut, Japps(ch)nuut

Maulaffe

jahnen = gähnen, gaffen.

Jammer-Klaas, Jammerlapp

Jammer-Klaas, Jammerlappen, Schwächling usw.

Jan Bangbüx

Jan-Angsthose, furchtsamer Mensch.

Jan-bito

Jan-Nebenbei, nichtssagender Mensch.

Jan-Düvel

Jan-Teufel, böser, gefährlicher Mensch.

Jan-Flegel

Jan-Flegel, Flegel, unhöflicher, unerzogener Mensch

He hett bi Jan-Flegel in de School gahn (hat keine Erziehung bzw. Manieren).

Jan-Göök

Hansnarr, Hanswurst; verdrehtes, wunderliches Etwas

He is so 'n rechten Jan-Göök, he kann mit Ulenspegel in 't Spann gahn (angeschirrt werden).

→ Göök.

Jan-Goosmors

Jan-Gänsehintern, allzu gutmütiger Mensch.

Jan-Gört

Jan-Grütze, alberner, unbeholfener Mensch.

Jan-Grammiet

Schwarzseher, unfreundlicher, verdrießlicher Mensch

grammietern = anhaltend schimpfen, murren usw.

grammiet(e)rig, grammieterg = ärgerlich, böse, verdrießlich, unfreundlich

He is so grammieterg, dat der heel keen Utkomen mit hum is.

Jan-Hagel, Jan-Lapp oder: Jan-Rapp un sien Maat oder auch: Maten
Jan H., bzw. Jan R. und seine Gesellen, Pöbel, Krethi und Plethi, Hinz und Kunz
(früher auch Bez. für kleine Pfeffernüsse).
(ndl.: janhagel).

Jan-, auch: Klaas-Hinnerk
Dummkopf, Trottel usw.
He is so 'n richtigen (drögen) Jan- oder: Klaas-Hinnerk.
Die Verbindung der beiden früher gebräuchlichsten Vornamen soll die Bedeutungslosigkeit, Dummheit und Einfalt des Namensträgers noch steigern.

Jan-Klump
Jan-Holzschuh, langweiliger, unbeholfener Mensch
Klump = Kloß, Stück, Klumpen; Holzschuh.

Jan-Krodde
Jan-Geck, Stutzer, Lackaffe.

Jan-Swarm
Herumschwärmer, -treiber.

Jan un allemann
gemeines Volk, Pöbel, Hefe (des Volkes); eigentl.: jedermann (wertfrei)
Dat is wat för Jan un allemann (d.h. für die große Masse).

Jan-Unrüst
Jan-Unrast, unruhiger, nervöser Mensch
He is 'n Jan-Unrüst, de kien Gress unner de Foten wassen kann.

Jan-van-feern
Jan-von-fern, scheuer Mensch; Feigling

Jappert
bettelnder, gieriger, winselnder Wicht (oder: Hund)
Dat is en arbarmliken Jappert van Keerl.
jappen = das Maul aufsperren, nach Luft schnappen, gierig nach Essen verlangen usw.

Japps(ch)nuut → Jahnert usw.

Jauelkopp, Jauelmors, Jaueltiek; Jöselgatt, Jöselmors, Jöseltiek
Jammerkopf, -arsch, -käfer usw.
Jammerlappen, Heul-, Transuse; schwacher Mensch, Schwächling, wehleidiger Mensch
Ik weet neet, wo de Mann dat bi so 'n J. uthollen kann.
jaueln = laut schreien, jammern, klagen, heulen, winseln (auch von Katzen und Hunden)
jöseln = winseln, wimmern, wehklagen, weinerlich sprechen.

Jütt(e)

alte, dumme Person, alte Schachtel, altes Weib
Du doofe Jütt(e)
He is so doof as ’n Jütt(e)
auch: Schöpfgefäß.

Kabauter, Klabauter

Kobold, kleiner Teufel, kleines, dickes, drolliges, koboldartiges, ungezogenes Wesen
Dat is so ’n rechten lüttjen Klabauter.
Dat is so ’n Klabauter van Jung, dat man dar nix mit worden kann.

Kack

Auswurf, Dreck, Kot, Scheiße
(etwas ordinärer als Schiet).
Dat is emer (lauter) Kack.
→ Dreck, Schiet.

Kackstefel

Scheißstiefel, schmutziger Mensch.

Kahljager, Kahlohr

Habenichts, jemand der kahl, nackend, d.h. ganz arm ist; ein armseliger, unbedeutender Wicht, der nichts besitzt, der aber auch kein Fundament hat; ein anmaßend auftretender armer Teufel, ein ›insolenter Insolventer‹.
Dat is ’n rechten Kahljager.
Wenn ’n Kahljager to wat kummt, denn weet he neet, wo he sük tieren sall.
He is so ’n Kahljager, dat de Musen hum in ’n Brotschapp versmachten.
kahl = kahl, leer, nackt, auch: arm
Se hollen (oder: maken) hum ganz kahl.
He is nett so kahl as ’n Luus.
Wo kahler, wo royaler (Je ärmer, desto königlicher, d.h. großzügiger).

Käkelbeck, Käkelsnuut, Käkeler

Zankmaul, Keifer(in), Zänker(in), streit- und zanksüchtiger Mensch
Du büst 'n rechten Käkelbeck
Käkler und Mäkler nennt man die Zuschauer und Mitlaufenden beim Klootschießen und Boßeln, die alles besser wissen oder bekritteln.
Käkel = Maul, Schnauze, besonders: ungewaschenes, schwatzhaftes Maul
Käkelee = Streiterei, Zänkerei
käkeln = streiten, zanken, laut schreien
Laten se sük man der um käkeln un 't mitnanner utmaken, well recht hett.
Se mutt dar alltiet tegenan käkeln.

Kakeler

Gackerer, lauter Schwätzer
(ndl.: kakelaar)
kakeln = gackern, schreien.

Kakerlack

Kakerlak, Küchenschabe, verächtlicher Mensch
Mit so 'n Kakerlack will ik nix to doon hebben.

Kalv

Kalb, alberner, ängstlicher, auch: dummer Mensch
De Jung, dat is noch so 'n recht Kalv.
He sücht ut as 'n nöchtern Kalv (verdutzt, verwundert).
De Jung is so dumm (oder auch: schitterg) as 'n nöchtern Kalv.
He tiert sük (ziert sich) as 'n nöchtern Kalv.
Schickt en Kalv na Paris, kummt 't weer to Huus, dann seggt 't: ›Hamu!‹

Dat Wichtervolk is so malldarten (übermütig) as halfjahrige Kalver.
Kalverknee oder **-kneen** nennt man dicke, häßliche, einwärts gebogene Knie, wie ein junges Kalb, X-Beine
He is (löppt) kalverkneed oder: hett kalverkneede Benen.

Katt(e)
Katze (Bedeutung wie im Hochdt.)
He hett Ogen as 'n Katt.
He (se) krabbt as 'n Katt.
He is so falsk as 'n Katt.
He is nett so taj (zäh) as 'n Katte.
Se leven mitnanner as Katt un Hund.
Ik bün nett so natt as 'n Katt.
He schüddelt 't of as 'n Katt dat Water (macht ihm nichts aus).
He is nett so verleevt as 'n Maikatt.

Kau(d)elmors
Quatscharsch, Quatschkopf, Faselhans
Kauelee = Gequatsche, unverständliches Gerede
De Kauelee kann de Düvel langer anhören, ik loop weg.
kau(d)eln = unverständlich und wirr reden, salbadern,
ursprüngl.: langsam und undeutlich (mit kauendem Munde) sprechen
He kauelt as 'n oll Wief.

Kau(d)el-Stien(tj)e, Kau(d)el-Trientje
Quatschtriene, Quasselstrippe, Schwätzerin,
Frau, die Unsinn redet.

Keerlelske
Mannweib, furchtlose, kühne Frau
Se is 'n rechten K., se steiht nargends vör still.

Ketelböter
Kesselflicker, -heizer; Lärmmacher, Schreihals
Du lüttje Ketelböter, wullt du wall still wesen.
He raart (schellt) as 'n Ketelböter.
Ketelböters auch: gemeines Volk.

Kibbelbeck, Kibbelmors, Kibbelsnuut
Zankmaul usw., Stänker(in), Zänker(in)
kibbeln = streiten, zanken.

Kiek-in-de-Kumm, Kiek-in-de-Pott
Topfgucker, Neugieriger
Wat geiht so 'n Kiek-in-de-Kumm dat an, wat ik koken do.

Kies(e)bieter, Kies(d)er(t), Kies-Ülk(e) → **Ülk**
grimmiger, zorniger, unfreundlicher Mensch, Brummbär, Wüterich
Man sagt auch: Kiesebieter — Schaapschieter = Dukatenscheißer (Schaap = alte Münze = 1/10 ostfries. Gulden).
kiesen = spalten, zähnefletschen und grinsen, die Zähne vor Wut aufeinander beißen.

Kiffke
kleiner Zänker, kleiner Kläffer
He is so ’n rechten lüttjen Kiffke.
En Kiffke van Hund.
kiffen, kiffken = keifen, zanken; streiten, bellen, kläffen → Tiffke.

Klaas- (auch Jan-) Hackenkolt
Mensch, mit dem nichts anzufangen ist, aber auch jemand, der bei allem kühl bleibt und für nichts zu begeistern ist (nicht nur in negativer Bedeutung), ›kalter Fisch‹.

Klater-Jan
Lumpenkerl, abgerissener Mensch, elender Wicht.

Klatt(e), Klattje, Klott(e)
Fetzen, Lappen, abgerissener, zerlumpter Mensch, Schmutzfink; auch: lumpige Person, Schlampe, Hure, gemeines Weib.

Kleier(t)
Kleckser, Sudeler, Schmierer; Pfuscher, schlechter, unordentlicher Arbeiter, Mensch
Du büst ’n rechten ollen Kleier, de all verdarvt un ’t all verkomen lett.
Kleieree = Schmiererei, Sudelei, Pfuscherei
kleien = klecksen, schmutzen, sudeln, schmieren, manschen, pfuschen, unordentlich und unreinlich arbeiten (auch: kratzen, kraulen, schmeicheln).
kleier(i)g = schmutzig, schmierig, dreckig
’n kleierigen Foot buurt (wirtschaftet) goot — Foot in de Aske, nix in de Taske (d.h. wer Schmutz nicht scheut, wird auch gut wirtschaften. Wer aber nur in der ›Asche‹ beim Herdfeuer sitzt, wird es zu nichts bringen).

Klitze
Hündin, schmutzige, unsaubere; leichtfertige, gemeine, lasterhafte Frau, Hure.

Klitzke
flatterhaftes, leichtfertiges; eitles, putzsüchtiges Mädchen.

Klömer, Klöömdoot, Klöömhacke, Klöömkatte usw.
leicht frierender Mensch, der stets über Kälte klagt, Stubenhocker.

Klööt

Hode, nichtsnutziger Mensch, ›Sack‹, blöder Kerl, Töffel, allgemein abfällig.

Klookschieter

Klugscheißer,
superkluger, eingebildeter Mensch.

Klöterbüx

Rasselhose, kleiner Lärmer, Radaumacher.

Klüngel

fauler, liederlicher, nachlässiger, schlampiger Mensch
(vor allem Frau); Herumtreiberin
Wat eerst en Klüngel is, dat is ok bold en Hoor.
(ndl.: klongel)
Klüngelee, Klüngelkraam = faule, gemeine, schlechte Sache, Geschichte, Handlung (die heimlich betrieben wird), auch: Trödelei
klüngeln = faul herumtreiben, etwas liederlich, träge handhaben, schlecht wirtschaften usw.
Wat klüngelst du dar bi de Straat herum?
He verklüngelt sien Geld, Tiet usw.

Klunte(r), Kluntert, Klunterpott

Klumpen, Kloß, Klotz
plumper, unbeholfener Mensch, Tolpatsch

He is ’n arbarmliken Klunt van Keerl.
So ’n Klunt van Wicht, as du büst, hebb ik mien Daag noch neet sehn.
(ndl.: klont)
kluntern = poltern, hart und geräuschvoll auftreten, unbeholfen gehen, stolpern usw.
He kluntert so, dat man ’t dör ’t hele Huus hören kann.
klunterg = plump, unbeholfen, ungeschickt
He is so klunterg as ’n Baar up ’t Ies (oder: Schöfels).
He word olt un klunterg.

Klunthack(e)
plumper, unbeholfener Mensch, Tolpatsch, Stolperer, Mensch mit klotzigen, plumpen Hacken
Dar hett de oll Klunthack al weer up de moje Blömen treden.

Kluntje, Kluntke
kleine; plumpe, unbeholfene Person
eigentl.: Stück Kandis, Klößchen, Klümpchen.

Klutt(e)
Gassendirne, Hure.

Knasterbart
mürrischer, verdrießlicher Mensch.

Kneelpuper
Zimtfurzer, allgemein abfällig (Kaneel, Kneel = Zimt)
(ndl.: kaneel).

Knevel
junger, starker Bursche
’n Knevel van Jung (auch: Peerd, Boom usw.)
He is ’n dicken, fasten Knevel.
auch: Schelm, durchtriebener oder wilder, schlimmer Bursche, Bürschlein, Ausbund
He is ’n rechten lüttjen Knevel.

Kniefeltöön
Kneifzeh
allgemein abfällig
eigentlich jemand, der ›kniefeltöönd‹, d.h. mit zusammengekniffenen und einwärts gekehrten, gekrümmten Zehen geht.

Knicker, Knicker-Jan
Knicker, Knauser, Geizhals
knickern = knickern, knausern, feilschen
knicker(i)g = knickerig, knauserig, geizig.

Knieper(t), Kniepsteert, Knieptang
Kneifer, Kneifschwanz, Kneifzange, jemand oder etwas, das kneift, klemmt usw.
Bedrücker, Zwacker, Knauser, Knicker, Geizhals
He is en rechten ollen Knieper(t).
He mutt mit de Knieptang mulken worden (sagt man, wenn jemand allzu verschlossen ist).
kniepsk = geizig, knauserig, schäbig
Dat is 'n kniepsken Keerl.

Knieser, Kniesdert, Knies(e)ohr → **Gnieser(t) usw.**

Kniphusen un Hollfast
He is van Kniphusen un Hollfast,
er ist ein Geizhals (Wortspiel).

Knitterkopp
Murrkopf, Mensch, der ›knitterig‹, oder ›gnitterig‹, mürrisch, verdrießlich usw. ist
knitterkoppd = murrköpfig, mürrisch.

Knurt(je)
Knirps, Zwerg, (verkrüppeltes) kurzes gedrungenes Etwas.

Kohlstrunk
Kohlstrunk, -stengel
›Hier, Vedder K.‹ sagt man zu einem Prahlhans und Großsprecher, der davon ›kohlt‹ (faselt), was er andernorts vollbracht hat; er soll nun hier und jetzt etwas leisten.

Kökenbigge
Küchenferkel, kleiner Topfgucker.

Körreldüümke, Körreldümelke, auch: Köteldüümke
Däumling, Knirps; Erdmännchen.

Körtkopp
Kurzkopf, jemand, der kurz angebunden bzw. ungeduldig ist, leicht aufbraust und in Zorn gerät, Brausekopf, Hitzkopf
Nimm di in acht, he is 'n Körtkopp, de sük neet vööl seggen un andoon lett.
körtkoppd, körtkoppig, körtkoppsk = leicht reizbar oder gereizt und zornig, kurz angebunden usw.

Köstgänger
Kostgänger, (zahlender) Essens-, Tischgast
en düre (billigen) Köstgänger = jemand, der viel (wenig) ißt; Vielesser, -fraß
Uns Heergott hett rare (oder: wunnerlike) Köstgängers, d.h.: ›seltsame Vögel‹.

Krabbe

Krabbe, Krebs, kleine kratzende, lebhafte; streitsüchtige, widerstrebende Person

Dat is so 'n rechten lüttjen Krabbe.

He is 'n rechten Krabbe, wor nix mit antofangen is.

auch: kleines Kind (das wie ein Krebs auf dem Boden herumkrabbelt).

De lüttje Krabben krabbeln un krupen en all um de Foten herum.

auch: kleine Hacke, Kratzer

krabben = kratzen, scharren; **tegenkrabben** = widerstreben, widerspenstig sein

krabbig = kratzig, streit-, zanksüchtig, widerstrebend

(ndl.: krab = Krabbe).

Krabber

Scharrer, geiziger, filziger Mensch, der alles zusammenkratzt und -scharrt

eigentl.: Kratzer, Kratzwerkzeug, Hacke

(ndl.: krabber).

Krabbkater, Krabbkatte

Kratzkater, Kratzkatze, Kratzbürste

hauptsächlich Schimpfwort für kratzende Personen, vor allem Kinder.

Krabbkater sprung in 't Water
wull Fisken fangen,
bleev int Nett behangen (Kinderreim).

(ndl.: krabbekat).

Kracke

alter, elender, schwacher Mensch; Stümper

eigentl.: schwaches abgetriebenes Pferd

(ndl.: krak = Knacks).

Kraihahn

Krähhahn, Schreihals

→ Hahn.

Krakeeler, Krakeelmaker

Krakeeler, Krakeelmacher, Schreier, Lärmer, Spektakelmacher, streitsüchtiger Mensch, Streithammel, Zänker

He is 'n rechten, lüttjen Krakeeler.

krakeelen = laut schreien, lärmen, lärmend streiten, zanken.

Kraker

jemand, der viel ächzt und stöhnt

He is 'n ollen Kraker.

kraken = ächzen, kränkeln

(ndl.: kraker).

Kralloog

Glanz-, Grell-, Strahlauge, jemand (Kind, Mädchen usw.), der glänzende, grelle, strahlende, lebhafte, muntere Augen hat.
Dat Kind (Wicht) hett ja 'n paar moje Krallogen in de Kopp.
Dat is 'n Kralloog van Kind.
Mien Hartens Kralloog (Kosewort)
kralloogt = mit glänzenden usw. Augen
Dat Kind sücht so kralloogt ut, dat 't en Pläseer is, um 't to sehn.

Krauter

Krauter, (alter) Sonderling; kleiner, unbedeutender Handwerker oder Kaufmann
He is 'n rare Krauter (sonderbarer Kerl).

Kregelkopp

Trotzkopf, ein dickköpfiger, trotziger, unbeugsamer, stolzer; widerborstiger und leicht gereizter, streitsüchtiger Mensch.
kregel = trotzig, stolz, kühn; lebhaft, munter usw.

Kretüür

Kreatur, Geschöpf, großes Biest, Tier
Wat is dat för 'n mall (böse, dumme usw.) Kretüür.
So 'n Kretüür van Oss hebb 'k mien Dagen noch neet sehn.

Kribb(e), Kribbkopp, Kribbelkopp

ein leicht gereizter, zänkischer, streitsüchtiger; ungeduldiger, unzufriedener Mensch
He (se) is so 'n Kribbe, dat he (se) heel keen Free mit en anner Minsk hollen kann.
Beter en Kribbkopp as 'n → Duuskopp.
kribbkoppd, kribbelkoppd = leicht gereizt usw.

Kriddeler

Kritteler, Zänker, Haderer, Mäkeler, tadelsüchtiger, verdrießlicher Mensch.

Krinthenkacker

Korinthenscheißer, ängstlicher, engherziger, kleinlicher Mensch, Kleinigkeitskrämer, Geizhals
Krinthenkackeree = Kleinigkeitskrämerei.

Krodde

Geck, Stutzer, Angeber, Dandy, Lackaffe
auch: → Jan-Krodde.
He is 'n rechten lüttjen Krodde.
krodd(e) = geputzt, zierlich, schlank, geziert, stutzerhaft.

Krööt, Kröte(r)
Kröte, kleines, keckes Persönchen, Knirps (nicht: Kröte [Tier], diese heißt Padde, Pudde, Puur oder Ütze)
He is 'n rechten lüttjen Kröte(r).
Du verdammte Kröte(r).
→ Schietkrööt.

Krübbenbieter
Krippenbeißer, Pferd, das die Angewohnheit hat, in die Krippe zu beißen bzw. sie zu zerbeißen
minderwertiges Pferd, auch: abfällig von Menschen.

Krück(e)
Krücke, Krüppel, Stümper
'n Krück van Keerl, Boom usw.
eigentl.: Krücke, Stock.

Krullsteert
Ringelschwanz (eigentl. v. Schwein), fröhlicher, übermütiger Mensch
He hett de Krull in de Steert (ist übermütig).
(gron.: 'n krol in de start hebben = hoch- oder übermütig sein).

Kruper
Kriecher
Mensch, der sich vor jedem bückt und im Staub kriecht, Duckmäuser; auch: gemeiner, niedriger Mensch
He is 'n Kruper ('n rechte Kruup-Aas) un 'n gemenen Keerl.
eigentl.: Mensch, vor allem Kind; Tier, Pflanze, das kriecht, oder auch auf allen vieren geht
He is noch so 'n rechten Kruper.
Kruup-in-d'Mors = Arschkriecher
Kruup in mien → Neers, kruup ut mien Neers, sagt man von einem Kriecher, Schmeichler oder Heuchler.

Kruperke
kleiner Kriecher, kleines Kind
auch: Zaunkönig.

Kruudje-röhr-mi-nich
Kräutlein-rühr-mich-nicht
sehr empfindlicher, leicht gereizter Mensch, den man nicht anrühren darf, Mimose.

Kruupke
kleines, kriechendes Wesen, verkrüppelter Mensch; Zwerg;
eigentl.: Zwerghuhn

He is noch so ’n Kruupke van Kind.
Dat is un ’t blifft all sien Leven so ’n Kruupke, he word heel nix groter.

Kuffswien, Kuffi
Schwein (Bedeutung wie im Hochdeutschen)
eigentl.: Lockruf für Schweine: Kuff! Kuff! kumm Kuff!

Küken
Küken, Wildfang; wunderlicher, verdrehter, ausgelassener, lustiger; liederlicher Mensch
eigentl.: Vogeljunges
He is ’n mall (wild) Küken.
He is ’n leve Küken.
He hett keen Kind of Küken (d.h. niemanden).

Kükenei, Küükei
kleines, ungebildetes unreifes Ding
eigentl.: Kükenei, kleines Ei
Kinner un Kükeneier, de mutten neet overall mit inproten.

Kundje
Kunde (vkl.), Bursche, Freundchen; Schelm, Spitzbube, Kerl
’n lecker (oder: mojen) Kundje = ein sauberer Bursche
Du büst mi ’n Kundje = Du bist mir der Rechte, ein sauberer Patron (leicht abfällig).

Kunkel
Schlampe, Vettel, gemeines, liederliches Weib; (altes) Klatsch- und Schwatzmaul
Se is so ’n recht oll Kunkel van Wief.

Kunkeler, Kunkelerske
Intrigant(in), Mann oder Frau, der (die) klatscht und intrigiert, Ränkeschmied(in)
(ndl.: konkelaar, konkelaarster)
kunkeln = schwatzen, plaudern, klatschen; lästern, intrigieren, Ränke schmieden; betrügen, lügen usw.
(ndl.: konkelen)
Kunkelkraam, Kunkelee= heimliche Plauderei, Munkelei, Intrige; betrügerische, schlechte Sache
(ndl.: konkelarij).

Kunkelfuser(t)
jemand, der Betrügereien, schlechte Streiche usw. macht
Kunkelfuseree, Kunkelfuus = gemeine, schlechte Tat; Kungelei, Mauschelei, Schelmerei (ndl.: konkelfoes)

kunkelfusen = kungeln, gemein oder schlecht und betrügerisch handeln, mauscheln, pfuschen usw.
(ndl.: konkelfoezen).

Kunkelpott

Schwatz-, Klatschtopf, Tee-, Kaffeetopf (bei dem geschwatzt und geklatscht wird), Schwatz-, Klatschmaul
Dat is so 'n recht oll Kunkelpott.
(ndl.: konkelpot).

Kunkelwief

Frau die schwatzt, plaudert oder auch heimlich (z.B. hinter dem Rücken des Mannes) unsaubere Geschäfte macht usw.

Laban

großer, langer; auch: plumper Mensch
He is en groten Laban.
Wat deit de Laban dor mit sien lange Knaken stahn.

Labbekack

alberner, dummer Schwätzer; verächtlicher Mensch, ›Laffe‹
labben = lecken, schlecken, plaudern, schwatzen

Labbe = (Hänge)lippe, Mund
(ndl.: labbekak = Angsthase, Feigling).

Labbelott
leichtfertiger Schwätzer; alberne, flatterhafte, leichtsinnige Person.

Laffbeck, Laffsnuut
Flau-Schnauze, jemand, der ein fades Maul hat, bzw. albernes fades Zeug schwatzt, Laffe, Schwätzer
(ndl.: lafbek = Angstmeier, ›Waschlappen‹)
laffbecken = albern lachen.

Laffert
Laffe, alberner, fader, geistloser Mensch
(ndl.: laf = feige, fade).

Lammer(ke)steert
Lämmerschwanz, unruhiger, immer hin- und herlaufender; auch: quicklebendiger Mensch.

Langdraht
langdrahtiger, umständlicher, auch: weitschweifiger Mensch
langdrahdig = langdrahtig, umständlich usw.

Lapp(e), Lapps
Lappen, Lump, ein schlaffer, ungebildeter, nichtsnutziger Mensch, ›Schlapps‹
→ Slapps.

Lapper
Flicker, Pfuscher
Lapperee = Flickerei, Flickwerk, Pfuscherei; auch: Lumperei, Lappalie, Geringfügigkeit
lapper(i)g = abgerissen, zerfetzt, zerlumpt, aus Lappen und Fetzen bestehend
En lapper(i)gen Keerl, Saak.

Lappsack
armseliger Wicht, alberner, kleinlicher Mensch, zahlungsunfähiger Lump, Dummkopf usw.

Lattenhanger
Lattenhänger, Hungerleider; Lumpenkerl; jemand, der sich an eine zerbrechliche Latte (Strohhalm) klammert und bald abstürzen könnte, daher: Mensch, der dem Bankrott nahe ist.
Man sagt auch: He hangt an de Latten.

Laweimaker
Krachmacher; Aufrührer, Rebell
Lawei = Aufgeben der Arbeit, Müßiggang, Feierabend; Lärm, Geschrei, Spektakel
(ndl.: lawaai).

Leckerbeck, Leckerlipp, Leckermund, Leckersnuut, Leckertand, Leckert
Leckermaul usw., Schlemmer, Schlecker.

Leegloper, Leddigloper
Leerläufer, Müßiggänger, Tagedieb
leeg, leddig = leer.

Leerlapp
Lederlappen, läppischer, alberner, unbedeutender Mensch.

Leger
Lügner
Legers komen in de Hell.
Wird häufig mit Bedreger zusammen verwendet:
Dat sünd all Legers un Bedregers.
legen, lögen = lügen.

Leiert, Leiart, Leilenzer, Leiwams
Bummelant, Faulpelz, Lotterbube, Lungerer
Och Heer, sä de Leiwams, wat hebb ik 'n Glück!
He sull wat dragen, do brook hum dat Jück (Tragejoch).
lei = faul, träge, matt, unlustig zur Arbeit
De Keerl is nett so lei as 'n Flint, oder: he is flintlei (wie ein Kieselstein); auch stinklei (stinkend faul).
He word wo oller, wo leier.
He is all sien Levend en leien Keerl west, de nix anners daan hett as slapen un bummeln.
Leie Lü sünd praktisch (weil sie sich etwas einfallen lassen, um nicht arbeiten zu müssen).
Leibank = Faulbank, Lotterbank, Kanapee
He mag nix lever as up de Leibank sitten un sük wat rekeln.
Leiheit = Faulheit, Trägheit
Leileckerland = Schlaraffenland
leien, leier(e)n = leilenzen, faulenzen
leibeend = *faulbeinig*, d.h. faul
(ndl.: luiaard).

Lelkert
Böser, Bösewicht, Schweinehund, Übeltäter, Unart
lelk = böse, boshaft, unartig, häßlich.

Lögenbeck, Lögenfatt, Lögenhals, Lögenpüüt, Lögensack, Lögensnuut; Lögner
Lügenmaul, -faß usw.; Lügner
ein lügenhafter, verlogener Mensch, der voller Lügen steckt

Löörhack(e)
Trödeler, Zauderer
lören, lötern = zaudern, trödeln, zögern.

Lork, Lörk, Lurk
Schelm, Flegel, Schuft, Schurke, schlimmer, durchtriebener Geselle
Dat is ja 'n Lork van Keerl.

Löterbüx, Lötermors
Zauderhose, Trödeler, Zauderer, Zögerer
He is so 'n rechten oll Löterbüx.
Löter, Gelöter = Trödelei, Zauderei usw.
lören, löter(e)n = zaudern, trödeln, zögern.

Lurendreiher
Windeldreher, Betrüger, Hochstapler, Schelm, Schleicher, Schuft, Schurke.

Lüschinner
Leuteschinder, Menschenquäler.

Luur, Lure
Laurer, schlauer, listiger Mensch, Verlocker, Betrüger usw.
Dc Keerl is 'n rechten Luur.
De Buur is 'n Luur un blifft alltiet en Schelm van Natur.
en Luur andreihen = jemanden betrügen, täuschen
Bedeutung vor allem auch: Lauer; Versteck; Windel.

Luurangel
heimlicher Laurer; böser, hinterlistiger, heimtückischer Mensch; Duckmäuser
He is 'n rechten Luurangel, wor man sük overall vör wahren un höden mutt.
→ Angel.

Luurd
gemeiner Mensch, Nichtsnutz, Dummerjan, Flegel, Lump; Schmutzlappen; auch: Dreck; wertloses Zeug
Dat is 'n Luurd van Keerl, Wiev.

Luurder

Aushorcher, Horcher, Spionierer, Schleicher

luren = horchen, lauern, warten usw.

Luus

Laus

He is so arm as 'n Luus, der is nix van hum to halen.

He is nett so franterg (verdrießlich) as 'n Pott vull Lusen.

Luse-, Luuskraam = Lausekram, Ärger, Dreck, auch: nichtige, schmutzige Sache

Mit de Luuskraam will ik nix to doon hebben.

lus(e)arm = arm wie eine Laus

lusig = lausig.

Luusangel, Lusenfreter

Lausehaken, Läusefresser, Habenichts, Hungerleider, Geizhals, Knauser.

Luus un Pluus, Lusepack, Luuspack

Lumpengesindel

Mit Luus un Pluus (Pluus = Fluse[n]) mag ik mi nich ofgeven.

De sük mit Luus un Pluus befatt, de mutt sük neet wunnern, wenn hum wat anhangt.

Mallblatt
albernes, dummes Mädchen
mall = albern, dumm, töricht, leichtsinnig, unsinnig, verrückt, toll, schlecht, häßlich usw.

Mallbrägen, Mallbrook
Tollhirn, Tollhose; Narr, Possenreißer
toller, ausgelassener; wagehalsiger; verrückter Mensch
auch: streitsüchtiger, unverträglicher Mensch.

malle Söven
verrückte Sieben, verrückter, verdrehter Mensch
Dat is 'n malle Söven.

Mallküken
verrücktes Küken, verrückter, toller, närrischer, ausgelassener, mutwilliger (junger) Mensch oder: ›Vogel‹.

Mallperduus
toller, närrischer, verrückter Mensch.

Mallurt(j)e
böses, unkluges Weib
(ndl.: malloot = Idiot, Blödian).

Meßmaker
Mistmacher, Faulenzer, Nichtsnutz, Tagedieb, dessen ganze Tätigkeit im Verdauen (Mistmachen) besteht; Schmierfink
He is 'n goden Meßmaker, man wieder döggt he ok nix.

Miegert; Mieghamel, Miegheemke
Ameise; Pinkler; Schwächling
Miege = Harn, Pisse
miegen = pissen, urinieren
(ndl.: mier).

Miemer, Miemerer, Miemereerder
Sinnierer, Grillenfänger, Kopfhänger; Phantast, Träumer, Grübler, Melancholiker, nachdenklicher, schwermütiger Mensch
Miemeree = Grübelei, Kopfhängerei usw.
miemern, miemeren = (nach)denken, sinnen
miemerig = schwermütig, trübsinnig usw.
(ndl.: mijmeraar).

Mieter, Mietsack
grämlicher, verdrießlicher, unzufriedener Mensch
Brummbär, Miesepeter; Knauser

mieten, mietern = voller Gram und Verdruß sein, ein grämliches Gesicht machen, eigentl.: voll von Milben (Mieten) sein, von Milben zerfressen werden.
He is 'n rechten ollen Mietsack.
miet(e)rig, mieterg = grämlich, verdrießlich
He maakt so 'n mieterg Gesicht.
He is so mieterg, dat 'n haast bang vör hum word.

Minnermanntje
Mindermännchen, zurückgebliebener, minderbemittelter (geistig und wirtschaftlich); auch: einfacher, bescheidener Mensch.

Möhlenpeerd
Mühlenpferd, dicke Frau, ›Maschine‹
Se hett 'n Neers as 'n Möhlenpeerd.

Moiproter
Schönredner, Schmeichler.

Mops
Mops, dummer; träger, lustloser und mürrischer Mensch, Dummkopf eigentl.: Mops, kleiner Hund
He is 'n rechten Mops.
Verdretelk (oder: blied) as 'n Mops.
He langwielt sük as 'n Mops.

Mors, auch: Mars
Arsch, Hintern, After (plumper und gröber als → Neers)
He hett so 'n dicken Mors, dat 't ördentlik en Lüst is, um hum dar en up to kloppen.
He kann mi in de Mors kleien (ist mir gleichgültig).
Klei (lick) mi in de Mors.
Auf diese ›freundliche‹ Aufforderung gibt man gern zur Antwort ›Lehn (Leih) mi dien Tung!‹
Morsgatt = Arschloch
→ Achterdeel usw., Ars, Gatt, Neers, Pupert usw.

Morskruper
Arschkriecher, Schmeichler
→ Kruper.

Mucker
Mucker, heimtückischer Mensch, Leisetreter, Heuchler, Schleicher, scheinheiliger Frömmler
He höört ok to de Muckers un de → Fienen.
Mucke = Nücke, böse Laune, Wille

mucken = unterdrücken, heimlich und still beiseite schaffen; auch: einen Ton von sich geben, brummen, knurren, murren.

Muddel
schmutziger, schmieriger, unsauberer Mensch
Dat is en ollen Muddel.
muddeln = schmutzen, schmieren, mantschen.

Muddersack, Muddertiek
Schmutzsack, -käfer, Drecksack, Schmutzfink
Mudder = Schmutz, Dreck, Schlamm
mudder(i)g = dreckig, kotig, schlammig.

Muff, Muffkopp
dummer; ekelhafter, nichtsnutziger, gemeiner, schlechter, unausstehlicher Kerl; Schimpfwort der Niederländer für die Deutschen: mof, und auch umgekehrt: hollander Muff(kopp)
muffeln = langsam und mühsam kauen, sprechen, brummen, murmeln
muffig = anrüchig, faulig, verdorben usw.

Muffel
Muffel, brummiger, mürrischer, unfreundlicher, sauertöpfischer, verdrießlicher, unzufriedener Mensch
Dat is 'n rechten ollen Muffel, wor nix mit antofangen is un keen en fründelk Woort ut kummt.

Mulert, Mullfert
Mauler, Brummbär, Grobian.

Mummel
alter Mensch (vor allem Frau), zahnlos oder mit lückenhaften Gebiß; jemand der mummelt, d.h. unverständlich redet, murmelt
mummeln = unverständlich reden, langsam und mühsam kauen.

Mundjeproter
jemand, der nach dem Munde redet
Schmeichler, Schönredner
Mundjeproteree = Schmeichelei.

Murrkater, Murrkopp
brummiger, mürrischer, verdrießlicher Mensch
murren = murren, brummen.

Muscheblix(em)
Bursche, Bürschchen
eigentl.: **Musjö (Monsieur) Blix(em)** = *Herr Teufel.*

Mutt(e)
Sau, Mutterschwein; Schweinigel, schmutzige Person.

Muus

Maus; Nascher, Stehler, kleiner Dieb
Dar is seker 'n Muus bi west.
Se kickt nett so nüver (munter, pfiffig) ut, as de Muus in de Mehlkist.
He sücht ut, as wenn he Musen freten hett (mürrisch).
auch Kosename: **Muus(ke)** = Mäuschen = kleines liebes Kind, Liebling.

Muusfanger

Mäusefänger; Einfaltspinsel, Kauz
He kickt ut as uns Heergott sien Musefanger.

Muusnüsten

Mäusenester; übertr.: Grillen, Sorgen, Verdrießlichkeiten
He hett de Kopp vull Musenüsten (voller Phantastereien).

Nachtraav

Nachtrabe, Nachteule, Nachtschwärmer.

Nakendmors

Nacktarsch,
Habenichts (der nichts hat, seine Blöße zu bedecken)
Van so 'n N. is nix to halen.
Disse N. hett nix un gellt nix.

Natersack

Geizhals
naterg = geizig; genau.

Nattnöös

Naßnase, Kindskopf (mit einer nassen Nase) allgemein abfällig
Mit so 'n Nattnöös is nix antofangen.

Naumors, Naupint

Enghintern, Engschwanz, Kleinigkeitskrämer, Pedant; Geizhals
nau = dicht, eng, knapp; geizig, karg;
naukörig = wählerisch.
→ Pintsuger.

Neers

Arsch, Hintern
Du kannst mi (wat) in de Neers licken.
En Klapp vör de Neers.
Du kriggst glieks wat för de blode Neers.
Grote Neersen hebben wiede Büxens nödig.
He sitt mit d' Neers in 't Botterfatt (ihm geht es gut).
He piept un stennt al, wenn he man 'n Wind dwars dör de Neers sitten hett (ist sehr wehleidig).
De lang leevt word old, de lang kackt, kriggt de Neers kolt.
De Neers tokniepen (wirtschaftlich: Schiffbruch erleiden, auch: sterben).
En sittende Neers kann vööl bedenken (Müßige Leute können viel aushecken).
He hett kien sittende Neers (hat kein Sitzfleisch, ist ungeduldig).
He hett de → Rittwurm in de Neers (ist unruhig).
He hett sük 'n Ries to sien egen Neers bunnen (hat sich eine Rute auf den Hintern gebunden, d.h. sich selbst geschadet).
Dat is goot, dat dien Neers fast sitt, anners vergattst du de ok noch (wenn jemand sehr vergeßlich ist).
He kruupt elk un en in de Neers = er kriecht jedem in den Arsch, entwürdigt sich vor jedermann.
Loop to, denn schimmelt di de Neers neet!
Se hett Benen unner de Neers as Kohlstampers (Stampfer für Kohl usw.).
→ Achterdeel usw., Ars, Gatt, Mors, Neers, Pupert usw.

Neerswiep

Arsch-, Hinternwisch, auch Arsch-, Hinternputzer (**Wiep** = Büschel, Wisch)
En Jungens Jung (d.h.: der Untergebene eines Untergebenen) is leper dran as 'n Neerswiep (muß sich zum Schlimmsten gebrauchen lassen).

Neetuut, Neetüüt

jemand, der Neuigkeiten ausposaunt, Erzähler von Neuigkeiten, Klatschbase.

Neewind

Neuwind, Windbeutel; Windbeutelei.

Negenoog

Neunauge, Argus, mißtrauischer, scharfer Beobachter
negenoogsk = argusäugig, mißtrauisch, scharf beobachtend
eigentl.: Neunauge (aalähnlicher Fisch).

Netenkämmer, Netenkrämer, Neetangel

Nissenkämmer, Nissenkrämer, Nissencharakter
schäbiger, filziger, geiziger Mensch, Knauser, Knicker; Kleinigkeitskrämer; Lump

Nete = Nisse, Lauseei

neter(i)g = nissig, lausig, filzig; geizig; mürrisch, verdrießlich.

Nickkopper

Kopfnicker, jemand, der zu allem ja sagt; Jasager.

Nirrtjebüx, Nirrtjepuup, Nirrtjepüüt

ängstlicher Mensch, Angsthase, Zauderer.

Nix-in 't-Liev

Nichts-im-Bauch, Hungerleider.

Nöler, Nölerske; Nöteler, Nötelbröör, Nötelkutte, Nötelbüx, Nötelmors

Trödeler(in); Zauderer, Zögerer, saumseliger Mann oder Frau

nölen, nödeln, nöteln = zaudern, zögern, langsam arbeiten, trödeln, auch: murren, unlustig sein usw.

Wat jung is spöölt geern,
wat olt is nöölt geern.

Nöleree, Genöle = Trödelei, Zauderei

nölig, nölerig = langsam, träge, trödelig, zaudernd.

Nööske

Näschen, scharfe Spürnase; kleine, scharfe, kluge Person, (kleiner) Naseweis

Dat is so 'n lüttje Nööske.

Nöösker
Schnüffler, Kritiker.

Nootnagel
Notnagel, Behelf, übertr. auf Menschen: Ersatzmann, notdürftiger Ersatz.

Nümmersatt
Nimmersatt.

Nüsseler, Nüsselmors
saumseliger Mensch, Pfuscher
nüsseln = zaudern, zögern, langsam sein usw.
nüsselk, nüss(e)lig = saumselig, langsam usw.

Ölgötz
Ölgötze, blöder, dummer, stupider, unbeholfener, hölzerner, auch: eingebildeter Bursche, der nichts begreift und nichts richtig anzufassen weiß.
Du büst en rechten Ölgötz.
He steiht dar as 'n Ölgötz, de van Tuten un Blasen nix weet, oder: de van vörn neet weet, dat he van achtern leevt.

Oolke, Oolkert
Bösewicht, Lump, Nichtsnutz, Spitzbube, gemeiner Mensch
oolk = böse, gemein, häßlich, schlecht
en oolken Keerl, en oolk Wicht, Wiev.

Oss(e); Ossenkopp
Ochse; Ochsenkopf; dummer Mensch
He is so dumm, so stark, so fett, as 'n Oss.
He brullt as 'n Oss.
He geiht derup löß, as de Oss up de Hafersack (wenn jemand besonders ungestüm daherkommt).
He hett sük updönnert as 'n Pingstoss (Um Pfingsten wurden früher Ochsen, Kühe usw. mit Laub geschmückt).
He weet der nett so vööl van, as wenn 'n Oss in de Bibel kickt (versteht gar nichts).

Wenn de Hoorns harr, wass de Oss klaar (so dumm ist er).
He steiht dar as 'n Oss vör de Schüürdöör (so dumm).
Man kann van 'n Oss neet mehr verlangen as Ossenfleesk (oder: as 'n Stück Rindfleesk).
Dat is 'n Keerl as 'n solten Oss (unverwüstlich).
Fienoss = Kastrat, Eunuch.

Pack(volk)
Gesindel, Lumpenvolk, Pack
Dat gemene Pack(volk).
Wat deit dat Pack dar stahn to gapen?
(eigentl.: Gepäck, Last, Bürde; Anzug)
auch in zahlreichen Zusammensetzungen, z.B. Lögenpack, Swienpack usw.

Paag
alte, elende, schwache Kreatur (Mensch und Tier, vor allem Pferd); Schwächling, Stümper
→ Quälpaag.

Paddjack, Paddstrieker
Landstreicher, Vagabund, Herumlungerer; Spitzbube, unehrlicher Bursche, übles Subjekt.

Peefke(n)
empfindliches, zartes Kind, Schwächling
He is un blifft alltiet en Peefke.

Peer(de)koper
Pferdekäufer, Freier
Die Freier der Bauerntöchter führten sich früher gern, falls sie keine Beziehungen hatten, als »Peer(de)koper« ein.
›Der is al weer 'n Peer(de)koper‹, hieß es.
Man vergleicht allgemein Frauen gern mit Pferden und auch das Freien mit dem Pferdekauf und sagt: Frejen is keen Peerkoop, denn an eine Frau sollte man zeitlebens gebunden sein.

Pei(j)atz, Pias, Pius
Hanswurst, Possenreißer, Spaßvogel, ›Bajazzo‹ (ital.: baggiano = Einfaltspinsel).

Pelle, Pellgoos, auch: Bietelgoos, Plück(el)goos
dummer (auch: bornierter) Mensch, der gehänselt und zurückgesetzt wird, auch zurückgebliebenes Kind, Prügelknabe
eigentl.: gerupfte Gans; Gans die in einer Gänseschar von den anderen abgebissen (plückt) wird.
En in d' Sellskupp mutt alltiet de Pellgoos wesen.
Dat is 'n rechten Pellgoos.

Penningskeerl
Knauser, Krämerseele.

Peter-Verdreet
trübsinniger Mensch, Griesgram.

Peter-Verkehrt
eigensinniger Mensch, Querkopf.

Pienlapp(e)
Schmerzlappen, wehleidiger Mensch, der beim geringsten Schmerz klagt, Schwächling.

Piep(en)-Stientje
Jammer-Stientje, jemand (vor allem Frau), der viel »piept«, d.h. fast immer jammert und klagt, Schwächling.

Pieperling
klägliches, kleines, schwaches Wesen, Schwächling.

Pierer, Pierder(t)
Quälgeist, jemand, der gern ärgert, neckt, reizt, stichelt usw.
He is 'n rechten Pierder, de nix lever deit, as anner Lü argern un vernarr bruken.
So 'n ollen Pierdert as he gifft man en in de Welt.
pieren = ärgern, reizen, stecken, sticheln.

Piesack(er)
Peiniger, Quälgeist (Mensch und Tier)
De Keerl is 'n rechten Piesacker.
De Piesacker van Mügge.
piesacken = quälen.

Piet-S(ch)nött
Rotzpeter, Rotznase, alberner, unbeholfener und doch naseweiser Peter (Bursche).

Pillerbeck, Pillerdöös, Pillermors, Pillerscheet, Pillpall, Pillerpaller; Pillerske

Schwatzmaul, Schwätzer(in)

Pilleree, Pillpalleree = Geschwätz

pillern, pillpallen = schwatzen, faseln, plaudern.

Pimpel(er), Pimpel-Gatt, Pimpel-Mors

Säufer, Saufaus

He is 'n ollen Pimpel.

(ndl.: pimpelaar).

Pintsuger

Schwanzlutscher; kleiner, engherziger, geiziger Mensch, Geizhals

Pint = Glied, Penis

pintjekniertig = knauserig, pfennigfuchserig.

→ Naumors usw.

Piß-Hille, Piß-Hilleke, Piß-Hilke

albernes, weinerliches, leicht klagendes Frauenzimmer

pissen = Wasser lassen, urinieren.

Pittje-Pattje

alberner, scherzhafter Mensch; jemand, der albern und kindisch oder läppisch spricht.

Pläätje

albernes, geziertes Frauenzimmer.

Pläter, Plätermuul

breites, großes, weites, grobes Maul;

Schwatzmaul, lauter Schwätzer

Holl dien Pläter!

plätern = plappern, plaudern.

Plattje

loser Schwätzer, loser Vogel; Faxenmacher, Spaßvogel

'n Plattje van Wicht.

plattjen = albernes, dummes Zeug schwatzen

plattjerig = albern.

Plieroog

Triefauge, Blinzelauge; Blödauge, jemand, der leicht weint oder auch blöd guckt

plieren, plierogen = weinen, blinzeln, dumm kucken

plieroogd = triefäugig; kurzsichtig.

Pliertje, auch: Bliertje

albernes, sehr empfindliches, leicht weinendes Mädchen

→ Plieroog.

Plumpsack, Pumpsack
dicker, klotziger, plumper Mensch
eigentl.: weiter, faltiger, bauschiger Sack
Kiekt jo neet um, de Plumpsack geiht um! (Kreisspiel).

Plünn, Plünnkeerl
Lump, Lumpenkerl, auch: Lumpenhändler
Plünn = Lumpen usw.
Plünn(en)kraam, -tüüg = Lumpenkram, -zeug.

Plünngoot, Plünnvolk
Lumpenzeug, -gesindel
eigentl.: Fetzen, Lappen, Lumpen, (wertloses) Zeug usw.

Pluusterkopp
Strubbelkopf, struppiger, zerzauster Kopf, Struwelpeter
auch: rauher, mürrischer, unfreundlicher Mensch
plusen, plüsen, pluustern = rupfen, zupfen, zausen, wühlen usw.

Pogg
Frosch (Bedeutung wie im Hochdt.)
He is so kolt as 'n Pogg.
He strüüvt sük (brüstet sich) as 'n Pogg in de Maanschien.

Pöseler; Pöselerske

Mann; Frau, der (die) sich anhaltend und eifrig mit mühsamen und kleinlichen Arbeiten beschäftigt und abquält, wobei nichts Ordentliches herauskommt

Dat is 'n ollen Pöseler, he quäält sük de hele Dag of un blifft doch alltiet gliek arm.

Pöselee = mühsame und kleinliche Arbeit oder Beschäftigung, bei der nichts Rechtes herauskommt

pöseln = unaufhörlich und mühsam (still vor sich hin) arbeiten, etwas eifrig, aber fast pedantisch ohne großen Erfolg betreiben (wobei die Arbeit so kleinlich oder geringfügig ist, daß sie wenig einbringt).

Pöselpeerd

Arbeitspferd; schwer arbeitender Mensch (die Bezeichnung wird nur für Menschen angewandt).

Pöter

Störer, Störenfried; Wühler (häufig von kleinen Kindern)

Du lüttje Pöter, kannst du kien Free hollen (oder: neet still sitten)?

auch: Schlag, Stoß

pötern = stochern, wiederholt stoßen, stören, rühren, wühlen

(ndl.: peuter = Kleinkind).

Pott-Geerd(je)

Topf-Gerd(chen), Topfgucker, neugieriger Mensch

Dat Wief is so 'n Pott-Geerdje, dat man nix vör hör verbargen kann.

Pottheekster

Topf-Elster, Mädchen, das immer in den Topf kuckt, bzw. über alles etwas zu sagen hat und alles bekrittelt.

Pottjekacker

Topfscheißer, allgemein abfällig

auch: scherzend zu Kindern.

Pottklei, en Seel(e) van P.

ein gutmütiger, leicht knetbarer Mensch (wie Ton)

Pottklei = Klei, Töpferton.

Pottlicker, Pottslicker

Topf(aus)lecker, Topfschlicker

Well will Pottslicker wesen?

Pottslickers will ik in mien Köken neet hebben, sä dat Wief, do haude se hör Swien en mit de Sleef vör d' Mors.

Potttrüffke

Person, die Töpfe kontrolliert und nascht, Topfnäscherin

→ Rüffke.

Pottschrabber, Pottschrapper
Topfschrapper, jemand, der Töpfe auskratzt und das Letzte herausholt; auch: Geizhals
Pottschrabbers kamen neet in de Hemel.

Pracher
Bettler, Habenichts; armseliger Wicht; Lump
En Pracher van Keerl.
Dat hett he up de Greep, as de Pracher de Luus.
Wenn de Pracher nix hebben sall, verlüst he 't Broot ut de Kiepe.
prachern = fortwährend scharren, geizen, wuchern, ständig betteln.

Prahl-Hans
Prahlhans, Angeber.

Pransel
Drängler; Quäler
pranseln, pramseln = ununterbrochen um etwas betteln, drängen, drängeln, quälen.

Priemelmors, Priemelpott usw.
Pedant, Genauigkeitskrämer.

Proter, Prootsack
(dummer) *Schwätzer,* Großmaul
Dat is ja 'n lüttjen (oder: mallen, ollen) Proter.
Proteree = Gerede; aber auch (dumme) Schwätzerei
Proot = Gespräch; Gerücht, Geschwätz
De Proot is ut (übertr.: Das Spiel ist aus usw.).
Dat is ja 'n mallen (oder: lösse) Proot = böses oder loses Gerede;
Oll Wieven Proot = Altweibergeschwätz usw.

Pruler(ke), Pruulsnuut
Schmoller, Schmollschnauze, Mauler, Murrkopf, verdrießlicher Mensch
Pruulhöörn = Schmollwinkel
prul(er)ig, pruulsk = schmollend, mürrisch, verdrießlich.

Prüll(e); Prüllke
schlechtes, gemeines, nichtsnutziges, wertloses Etwas (Mensch oder Sache)
En Prüll van Keerl, Wiev
Prüllen = Plunder, Gerümpel, häufig in der Redensart: Oll Potten un Prüllen.
Prüllding = altes, unbrauchbares Ding
Prülltüüg = gemeines, schlechtes Volk oder: altes unbrauchbares Zeug
Prüllenkraam = alter, wertloser Kram, Lumpen-, Plunderkram
prüllig = schlecht, nichtsnutzig, wertlos, lumpig, lausig, knickerig (ndl.: prullig).

Prüllker
Lump, Lumpenkerl; Kleinigkeitskrämer; Knicker, Geizhals; Trödler.

Puler; Pulerske
Schäler; Schälerin, Klauber, Stocherer; Trödelant, Umstandskrämer, langsam, umständlich, auch mühsam arbeitender Mensch; Pfuscher
pulen = enthüllen, klauben, zupfen, bohren, stochern, mühsam arbeiten
He is 'n rechten Puler, he weet 't all utnanner to pulen un to kluven (klauben).

Püll(e); Püllbröör
Flasche; Flaschenbruder, Trinker, Säufer, Zechbruder
Pülle eigentl.: Pulle, Flasche, Krug, auch: Suff
He is an de Pülle komen oder: raakt.

Püllker
Klauber, Mäkler; Säufer.

Pulter
Polter, klotziger, klobiger, plumper und dicker Mensch
'n Pulter van Keerl (oder: Jung).

Pulterbüx, Pulter-Jan, Pulter-Palter, Pultrian, Pulthack
Polterer, Stolperer, Poltrian, Lärmmacher; Taps, Tölpel
pultern = lärmen, poltern
pulter(i)g = poltrig, unbeholfen, lärmend.

Pummel, Pummelke
Pummel, Pummelchen, kurzer, dicker, untersetzter, unförmiger Mensch (Kind)
He is 'n dicken Pummel.
pummelig = dick, rund usw.

Pumpel
dicker, plumper; watschelig gehender, hinkender Mensch
auch: jemand, der nachlässig gekleidet ist oder weite und bauschige, faltige Kleider trägt
pumpeln = watscheln, nachlässig gehen; **sük pumpeln** = nachlässig oder: schlotterig kleiden
He pumpelt der so wat hen.
Se pumpelt sük gau wat torecht.
Se pumpelt sük der düchtig in (kleidet sich nachlässig oder: schlotterig).
pump(e)lig, pumpelg = watschelig, nachlässig, unordentlich usw.; aufgebauscht, faltig, schlotterig

Pupert; Puupneers, Puupsack
Hintern, Popo (vor allem von Kindern); Furzer, Furzhintern, Furzsack
De Dood is 'n Glupert (Heimtücker), kriggt elk bi de Pupert.
pupen = furzen
→ Achterdeel usw., Ars, Gatt, Mors, Neers.

Pur(d)er
Person, die reizt, sticht, stachelt, antreibt
Stocherer, Sticheler, Reizer, Treiber;
puren = bohren, stechen, stochern, stoßen, reizen, stacheln usw.

Purtje
ungewöhnlich dicker (fetter) Mensch
So 'n dicken Purtje van Keerl, de haast neet lopen kann.
auch: Dreck, Kot, weiche, breiige Masse
Purtjebrei, -klei = Dreckbrei
purtjen = hervorquellen, hervorkommen.

Pussel(ke)
schmutziger, unordentlicher; fauler, langsamer, träger; dicker, plumper Mensch
En Pussel van Wief.
En ollen Pussel.
En dicken Pussel.
Pusselee = Sudelei, Pfuscherei; schlechte, unordentliche Arbeit, auch: Fummelei
pusseln = schlecht, unsauber, unordentlich arbeiten; träge und langsam sein oder gehen, watscheln.
pusselig = schmutzig, unordentlich; faul, träge; plump, dick usw.

Puster(t)
Puster, Mensch, der pustet, schwer atmet, schnauft usw.
auch: Dickwanst; aufgeblasener, aufgeblähter, aufgeschwollener, eingebildeter Mensch; Wind(stoß).

Püttjer
Kleinigkeitskrämer, Pedant, zimperlicher Mensch
De oll Püttjer beet am leevsten noch 'n Koffjebohn dör.
püttjern = kleinkariert vor sich hin arbeiten
püttjerig = engherzig, kleinlich, pedantisch, zimperlich.

Puup
Furz; Kot
Puup, sä de Neers, do gung de Wind der ut.
(ndl.: poep)
s.a. Aars, Achterdeel, Gatt, Mors, Neers, Pupert.

Puusback(e)
Pausbacke
(kleines) Kind mit dicken Backen
En Puusback van Jung.

Puutje
Hure, Dirne, Vettel
auch Kosewort: kleines Kind, Kätzchen.

Püütjeknieper, Püütjeplacker
Tütenkneifer (-falter), Kleinigkeitskrämer, Pedant, jemand, der sich mit kleinlichen oder geringfügigen Sachen beschäftigt.

Quaad, Quade
das Böse, Üble; Böses, Schlechtes; Missetäter, Teufel
quaad = böse, schlecht, schlimm, zornig usw.
De 'n quaad Wiev hett, hett de Düvel as Swager.
Man kann ehrder en Swien danzen lehrn, as 'n quaad Wiev betähmen.
Quaadardigheit = Bösartigkeit
Quaadheit = Bosheit, Zorn
quaadardig = bösartig, boshaft.

Quaaddoner
Bösestuer, Übeltäter
quaaddoont = Böses tuend.

Quaadspreker
Böses Redender, Verleumder, Lästerer
quaadspreken = verleumden, lästern.

Quacke(l), Quackeler
Faselhans, Plaudertasche, Schwätzer; Pfuscher
Wat hett de Quackel(er) alltiet to röteln (faseln, schwatzen).
auch: (geistig) schwacher, kränklicher, stöhnender, ächzender Mensch
Quackelee, Gequackel = (anhaltendes) Kränkeln, Kränkelei; weichliches Getue; übertriebene Zärtelei; (unbeständiges) Tau-, Matschwetter; Pfuscherei, schlechte, stümperhafte Arbeit; Geschwätz
quackeln = unbeständig, weichlich sein, schwach werden, kränkeln; fortwährend regnen, nieseln usw.

Quackedööl
kränklicher, weichlicher Mensch
Dat is so 'n rechten Quackedööl.
eigentl.: weicher Eidotter; (Dööl = Dotter).
quackeln = schwanken, wackeln.

Quäler(t), Quälgeest
Quäler, Quälgeist
quälen = quälen, plagen.

Quälpaag
Quäler, Mensch, der andere plagt und quält
He is 'n rechten Quälpaag, he kann dat Quälen un Plagen neet laten.
Auch jemand, der viel gequält wird oder sich viel plagt und abmüht, um sein Brot zu verdienen.
He is un blifft 'n Sleev un 'n Quälpaag, so lang as he leevd.
→ Paag.

Quant(je)
schlauer, pfiffiger, geriebener Bursche, (kleiner, loser) Racker; Schelm, Schalk, Spaßvogel
He is 'n rechten lüttjen Quant, he mag nix lever as anner Lü anföhren un vernarr bruken.

Quarr(e)
kleines, schreiendes Kind
Eerst 'n Parre (Pfarrer) un denn 'n Quarre (Warnung vor zu früher Heirat).

Quarker
Nörgler
Quark = wirre Masse, Plunder, Dreck usw.
quarken = krächzen, meckern, quasseln usw.

Quast
knorriger, verdrehter, wunderlicher Mensch; Schafskopf, Narr
He is 'n wunnerliken Quast.
auch: fester, starker, kerngesunder Mensch
eigentl.: Quaste, Büschel, Troddel; dicker Pinsel; Ast, Knorren
He is 'n Quast van Keerl.

Quätel, Quätelbüx, Quäteldöös, Quätelmors, Quäteler
Quasselpeter, alberne(r) alte(r) Schwätzer(in), Plappermaul, Plaudertasche, Phrasendrescher
De olle Quätelmors mit sien Kauelee (Quatscherei).
Gequätel, Quätelee = albernes, kindisches Gerede
quäteln = daherreden, faseln, quatschen, quasseln usw.
quätelig = schwatzhaft, plauderhaft, redselig.

Quattje
alberner, törichter Mensch
quattjen = albern sein, sprechen.
→ Dwattje.

Queeskopp
Querkopf, Nörgler, Quengler; verrückter, verschrobener Mensch
quesen = beanstanden, monieren, nörgeln.

Quengel
Nörgler, Quengler, jemand, der durch weinerliches Bitten oder auch beständiges Schmeicheln etwas erreichen will
quengeln = weinerlich, auch schmeichelnd drängen, bitten.

Querangel
Querkopf
→ Angel.

Quickmors, Quicksteert, Wippsteert
sehr beweglicher, unruhiger Mensch ohne Sitzfleisch
quick = lebendig, munter, frisch, unruhig
Quick-, Wippsteert auch: Bachstelze.

Quispelmors
unruhiger, quecksilbriger Mensch, der kein Sitzfleisch hat und seinen Hintern ständig hin- und herbewegt

quispeln, wispeln = hin und her rennen, flattern usw.
quispel(ig), auch: **wispel** = beweglich, unruhig, quecksilbrig, wetterwendisch (Wispel = Wespe)
quispel-, wispeltürig = flatterhaft, wankelmütig.

Rabattentramper

Rabattenzertreter, jemand, der im Garten rücksichtslos auf alle Rabatten tritt und alles zertritt
rücksichtsloser, plump auftretender und gehender Mensch.

Rabauk(e)

Rabauke, grober, ungeschliffener Mensch; Krawallmacher.

Rachfatt

Lästerfaß, Lästermaul
He is so 'n recht oll Rachfatt.
rachen = lästern, Böses (über jemanden) reden; schimpfen.

Racker

Racker, Schlingel, vor allem Kind, das Unfug anstellt
auch: Kosewort
ursprüngl. grobes Schimpfwort: Henkersknecht, Schinder, Abdecker.

Rappelkopp

ein Mensch, bei dem es im Kopfe rappelt, der leicht aufbraust und jähzornig wird, verrückter Kerl
rappelkoppsk = irrsinnig, jähzornig, toll
Dat is 'n rappelkoppske Fent.

Rappelgatt, Rappeltaske

Plapperloch, Plaudertasche, jemand, der viel und dummes Zeug schwatzt
Dat is 'n rechten (ollen) Rappeltaske.
rappeln = eilen, plappern, schwatzen.

Rappsnavel, Rappsnövel, Rappsnuut

Flinkschnabel, loses Maul, lose Schnauze;
Person, die ein loses, rasches, vorschnelles, böses Maul hat.
He is 'n rechten Rappsnavel.

Räter, Rätersnuut
Plappermaul, Schnattermaul
rätern = plappern, schwatzen, schnell sprechen usw.
räterig = plapperig, schnatterig.

Rattbeck, Rattsnuut
Flinkschnauze, Quasselstrippe, Schnoddermaul, jemand, der ununterbrochen redet, spricht oder auch sehr beredt ist
rattbeckt, rattsnutig = schnellzüngig usw.

Rekel
ungehobelt und faul sich rekelnder (dehnender und reckender) Mensch, Faulpelz; grober, ungeschliffener Bursche, Flegel, Schlingel
eigentl.: ein in die Länge gerecktes oder gestrecktes und gedehntes Etwas oder etwas, das lang, schlank und hoch oder groß und stark gewachsen ist.
En Rekel van Boom, Keerl, Hund usw.
(ndl.: rekel = Flegel; frz.: racaille = Pack, Gesindel).

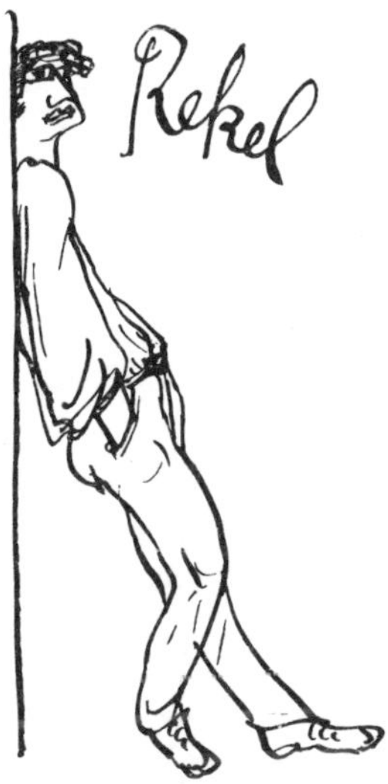

Ribb(e)lapp
Reiblappen, Lederlappen; dummes, mageres, abgezehrtes, schlaffes usw. Etwas; Gerippe; alte Vettel, Frau mit schlechtem Lebenswandel, allgemein abfällig.
'n Ribb(e)lapp van Keerl (Wief, Peerd).
He is so slapp as 'n Ribb(e)lapp.

Riekschieter
reicher Scheißer, reicher Protz.

Rietenspliet
Unband, Wildfang, jemand, der seine Kleidung rasch abnutzt, zerstört, der alles zerreißt und zerschleißt
(rieten = (zer)reißen; splieten = spalten, splittern)
He is 'n rechten Rietenspliet.

Rieter
Reißer, Zerreißer
So 'n lüttjen Rieter as du büst, du hest 't alltiet all kött, wat du man ankriggst.
unruhiger Mensch, Wühler
Du Rieter van Jung, kannst neet still up de Stohl sitten.
eifriger, fleißiger, unermüdlicher Arbeiter
Dat is ja en Rieter van Keerl.

Rietwurm, Rittwurm
unruhiges Kind, Zappelphilipp
Kannst du denn neet still sitten, du R.
auch: He hett 'n Rietwurm in d' Mors (oder: Neers) = Er hat kein Sitzfleisch.

Riff-Raff
Abfall, Auswurf, Gesindel, Pöbel
riff-raff = lumpig, gemein.

Roothaarige, Rootkopp
Rothaarige(r)
Dat is 'n Roothaarige.
Rothaarige Menschen sind seltener und daher von alters her verdächtig. Man schreibt ihnen alle möglichen schlechten Eigenschaften zu; sie gelten als besonders sinnlich, unzuverlässig und durchtrieben, heimtückisch, auch jähzornig.
Rode Haar un Ellernholt wassen up keen goden Grund (wegen der Farbähnlichkeit beider).
Rotes Haar wird auch gern mit dem Teufel in Verbindung gebracht;
Rode Haar un rode Sinn, dar sitt de Düvel in.
Rode Baart, Düvelsart oder auch: Rootbart, Schelmart.

Ropper(t), Roppsack
begehrlicher, habsüchtiger, unersättlicher Mensch
Dat is ja 'n Ropper van Keerl, he haalt 't all na sük, wat he man to faten kriegen kann.
auch: Raufer, Raufbold

He is as Ropper overall bekennt.
Ropper(i)gheit = Habsucht, Begehrlichkeit
De Keerl sien Roppergheit kennt keen Grenzen.
ropp(s)en = raffen, reißen, rupfen, raufen
ropper(i)g = habsüchtig, begehrlich, unersättlich.

Röteldöös, Rötelmors
Faselhans, jemand, der dummes Zeug redet und gern viel schwatzt
röteln = dummes Zeug reden, plaudern, schwatzen
rötelig= schwatzhaft, faselig.

Rött
Fäulnis, Faulen
rötterg, röttrig
faulig, faul, morsch, verrottet
wird gern Schimpfwörtern beigefügt, wie z.B. rötterge Fent (oder: Scheppsel) fauler, loser usw. Bursche.

Rött(e)
Ratte (Bedeutung wie im Hochdt.)
En olle Rött(e) fangt man neet licht.
He is so loos (schlau) as 'n Rött(e).
He maakt 'n Gesicht as 'n Rött (auch: Katt) de 't to 'n eersten Mal in sien Levend grummeln höört.
Dar sitt de olle Rött(e) in de Falle.
Dar hebb wi de oll Rött(e) fangen (wenn man z.B. jemanden, der gewitzt ist, bei etwas Verbotenem ertappt hat).
auch als Kosename für kleine Kinder: mien lüttje Rött(e).

Rubart
Rauhbart
rauher, wilder, unruhiger Mensch.

Rubb(e)
Robbe, Seehund
rauher, wilder, unruhiger Geselle; grober, boshafter Mensch; Nichtsnutz
Dat is ja 'n Rubb(e) van Keerl, he weet nargends wat van.
auch: erbärmliches, mageres Stück Vieh, oder kleine, unruhige Kinder:
De Rubben van Jungs strieken overall herum.
Du lüttje Rubbe (Kosewort).

Rubbsack, Rubbske
kleines, wildes, unruhiges Kind
Du oll Rubbsack.
En Rubbske van Wicht.

Rüder, Rüdewold

Roder, Reißer, Herumreißer, Wühler, unruhiger, herumwühlender Mensch
Dat is so 'n rechten ollen Rüder, he kann nix up sien Stee stahn of liggen laten.
De Rüder van Jung ritt un wöhld 's nachts so in 't Bedd herum, dat he 's mörgens männichmal heel unner de Küssens begraven is.
auch: Durchbringer, Zerstörer
Up 'n Hüder kummt faken en Rüder = auf den Hüter (des Vermögens) kommt häufig ein Zerstörer.
rüden = roden usw.

Ruffel, Ruff(e)ler, Rufflerske (weiblich), Ruffelke, Ruffelmors, Ruffeltaske

Eine Person, die schnell etwas zurecht ›ruffelt‹ oder überall darüberhin ›ruffelt‹.
Jemand, der eilig, flüchtig, schlecht und unordentlich arbeitet oder entsprechende Arbeit abliefert, Hudler, Pfuscher, Sudler
ruffel(e)n, = eilig, flüchtig, unordentlich arbeiten.

Rüffke

(kleine) neugierige Person, die gern von allem nascht, mit ihren Fingern überall hineingreift, um es zu schmecken oder zu beschnüffeln.
Dat is so 'n rechten Rüffke van Wicht.
→ Pottrüffke.

Ruger(t); Rugerske

rauhes, borstiges, struppiges Etwas, rauher, wilder, rücksichtsloser Mensch, harter, rauher Bursche; entsprechende Frau
ruug = rauh, roh; wild, wüst, ungebildet, ungesittet usw.
He is 'n rugen Keerl.
He is 'n rugen Arbeider = ein schlechter, stümperhafter Arbeiter.

Ruugbeen

Rauhbein.

Ruugfreter

Rohfresser, nicht wählerischer Esser
He is 'n Ruugfreter, de mit elker Köst tofree is.

Ruughauer, Ruughauerske

Grobschläger, jemand (Mann oder Frau), der nur rohe und schlechte Arbeit macht, schlechter, stümperhafter Arbeiter, Huschelpeter, Nichtskönner, Pfuscher, Stümper usw.

Ruugsack, Ruugsnuut

Rauhsack, Flegel; jemand, der rauh, ungesittet spricht, ein ›ungewaschenes Maul‹ hat; auch: Schnauzer (Hund).

Sabbelkopp, Sabbelmors, Sabbelpott, Sabbelsnuut
Quatschkopf; Klatschbase, Schwätzer(in)
Sabbelee = Gerede, Geschwätz
sabbel(i)g, sabber(i)g, sablig, sabrig = bespeichelt, ekelhaft naß und schlüpfrig, unreinlich usw.
sabbeln = geifern, speicheln, Speichel fließen lassen, unanständig lecken, schlecken, küssen; an etwas lecken und herumsaugen; dummes Zeug reden, hastig und unkonzentriert sprechen.

Sack
Sack, Beutel
Dat is 'n wanraden Sack (mißratener Bursche).
Häufig als Kompositum: → Dicksack, → Freetsack, → Galpsack, → Roppsack, → Rubbsack usw.

Schaap
Schaf, allgemein abfällig für einen zu geduldigen oder auch dummen Menschen
De Keerl is 'n oll Schaap.
He kickt ut as 'n Schaap un blarrt ok so dumm.
De sük för 'n Schaap utgifft, mutt der ok för blarrn.
He is nettakraat so duddig (dumm) as 'n Schaap.
He is so froom (gedüllig, unschüllig) as 'n Schaap.

Schaap-Harm (auch: Harm-Schaap), Schaapskopp, Schaapsmors, Schaapsnöös
Schaf-Harm, Schafskopf, Schafsarsch, Schafsnase
Dummkopf, einfältiger Tropf.

Schampamper → S(ch)lampamper

Schandaalmaker
Skandalmacher, Lärmer, Zeterer usw.
Schandaal = Skandal
schandalen = Skandal machen, lärmen, zetern usw.

Schartek(e)
Scharteke
ältere, unansehnlich gewordene, auch: unsympathische Frau;
altes, vom Inhalt her wertloses Buch (Theaterstück).

Scheet, Skeet
Scheiß, kleine Menge Kot, Furz
übertr.: ein wenig, nichts
'n Scheet ok = abweisende, negative Antwort auf eine unangenehme Frage oder Zumutung.

He maakt van 'n Scheet 'n Dönnerslag (übertreibt maßlos).
Dat is keen Scheet weert.
He (se) is 'n albern Scheet (Stück).
He (oder: dat) döggt (taugt) keen Scheet oder: is keen Scheet weert.
Du weetst dar 'n Scheet van (überhaupt nichts).
He is 'n Keerl as Klaas, un Klaas is 'n Keerl as 'n Scheet (nichts wert).
→ Puup, Schiet.

Scheihack(e)

Schiefhacke(n), Schieffuß; jemand, der schiefe Hacken oder Füße hat oder auch: schief, verdreht oder linkisch geht
He is 'n recht Scheihack.
scheihackt = schiefhackig, verdreht
He steiht scheihackt up sien Poten.
scheien = schief auf den Füßen stehen oder gehen.

Schellkieker

Schielender, auch übertr.: schief bzw. schräg, falsch guckender Mensch
schellkieken = schielen, scharf gucken usw.
schell(ig), schillig = schielend, schief oder falsch sehend
He kickt schell(ig).
He hett schellige Ogen.
Du verdoomde schellige → Blixem!

Scheppsel

Kreatur, Wesen
armes, bedauernswertes; dummes, unkultiviertes Geschöpf
So 'n Scheppsel van Keerl as du büst, is mi noch neet vörkamen.

Schicksel

Form, Gestalt, Erscheinung
Dat is ja 'n (albern oder: wunnerlik) Schicksel van Wicht.
(**Schick** = Gestalt, Form usw.)
(Vergl.: Schickse: jiddisch u. Gaunersprache = christl., Dienstmädchen; Flittchen usw., aber auch von Christen gesagt: Jüdin).

Schiet(e)

Scheiße, Mist, Schmutz (Bedeutung wie im Hochdt.)
Schiet ok (abweisende, grobe Antwort)
Schietscheet = nichts
en Stück Schiet = ein Stück Scheiße
He sücht ut as 'n Stück Schiet (oder: Kattschiet).
He is 'n Keerl as 'n Stück Schiet.
Du Stück Schiet!

Schietkraam = Scheißkram, gewöhnliche(r), schlechte(r), nichtsnutzige(r) Kram, Sache
schieten = scheißen, furzen, übertr.: anführen, ›bescheißen‹, betrügen, beschmutzen, schlecht machen
Se hebben enanner bescheten. Ik schiet wat in di (oder: in dien Geld).
Ik schiet der wat in, wat du befehlst (seggst).
→ Puup, Scheet.

Schietbödel
Nichtsnutz, kleiner Scheißer, ›Würstchen‹ (vor allem von Kindern), auch: Kosewort.
→ Bödel.

Schieter
Scheißer, auch Kosewort (vor allem für kleine Kinder).

Schietgoot(je)
Scheißzeug, gemeines, schlechtes, wertloses, nichtsnutziges Zeug; ebensolches Volk, Lumpenpack, Pöbel.

Schiet-in-de-Büx
Scheiß-in-die-Hose, Hosenscheißer, Jammerlappen, Schwächling eigentl.: kleines, noch unsauberes Kind.

Schietkeerl
Scheißkerl, Jammerlappen, Knirps; feiger Bursche; erbärmlicher, gemeiner Mensch.

Schietkrööt
Scheißkröte
erbärmliches Subjekt.

schitt(e)rig, schitterg
dreckig, beschmutzt, schmutzig; regnerisch; schlecht; gemein, nichtsnutzig, nichtswürdig; auch: humorvoll, spöttisch
Du schitterge Jung (oder: Keerl).
De schitterge Tee, wat is 't ok lecker.

Schloom
gedankenloser Mensch, Trottel.

Schofelant
gemeiner Bursche; miserabler, armseliger Wicht
schofel = schlecht, gemein, elend, armselig
Du büst 'n schofeln Keerl.
Dat is 'n schofeln Saak (Kraam usw.).
(jidd.: schophel).

Schojer

Herumtreiber, Landstreicher, Vagabund; gemeiner, schlechter Kerl, Betrüger, Schuft, Taugenichts
De Schojers van Jungs drieven sük overall herum.
Du Schojer van Keerl, wullt du al weer bedregen?
Wat de Düvel sülvst neet kann, dar helpt hum noch 'n Schojer an.
Fiefgroschkenschojer = billiger Schuft
häufig zusammen: → Bedregers un Schojers
auch: Rind, das aus der Weide bricht:
De Koh, dat is 'n Schojer, de ritt dör alle Sloden (Gräben).
Schojers-Bööntje = St.-Annen Empore in der Oldersumer Kirche, die für jedermann freigegeben war.
Schojeree, Schojerstreek = Betrügerei, Betrug, Gemeinheit
Is dat neet Schojeree un Bedregeree?
(ndl.: **schooier** = Bettler, Landstreicher, Vagabund; **schooieren** = betteln, schnorren)
→ Tünn(en)schojer.

Schojerpack

Lumpengesindel, *Lumpenpack*
(ndl.: schooiersvolk).

Schötteldook

Schüsseltuch, Wischlappen; Weichling, Schwächling, Jammerlappen
En Schötteldook van Keerl
oder: en Keerl as 'n Schötteldook.

Schrabber
Scharrer; Scherer; Schinder; Geizhals, Raffer, Raffzahn
eigentl.: *Schrabber*, Kratzeisen
schrabben = kratzen, scharren
(ndl.: schrabber, schraper).

Schraffel
Kratzer, Scharrer
schäbiger, geiziger Mensch, Geizhals, Gieriger; Lump; armseliger, elender Wicht usw.
schraffeln = ununterbrochen kratzen, scharren usw.

Schrögel
dürres, mageres, altes, elendes, erbärmliches Wesen
En Schrögel van Keerl, Peerd usw.

Schubb(e)jack
Reibe-, Scheuerjacke, jemand, der seine Jacke an etwas ›schubbert‹ (reibt oder scheuert), weil er Läuse hat und ihm die Haut unter der Jacke juckt; Lausekerl, gemeines, schmutziges Subjekt, Betrüger, Flegel, Halunke, Lump, Schuft
schubbern = reiben, schaben, scheuern
Du Schubbejack van Keerl, wullt du wall maken, dat du to de Döör herut kummst.
(ndl.: schobbejak).

Schubbe(r)-de-Bunk
Schab (Kratz)-den-Knochen
up Schubbe(r)-de-Bunk gahn = gierig oder schmarotzend umherziehen, wie Bettler, Schmarotzer, hungrige oder auch gierige Menschen (oder: Hunde), auf Streifzug gehen.

Schubbert
Reiber, Kratzer, (jemand, der sich gern an anderen Leuten reibt); Necker, Fopper, durchtriebener, geriebener, schlauer Patron; loser Bube, Schlingel (auch: grober, dicker Pfannkuchen, der den Magen scheuert, z.B.: Bookweiten-Schubbert)
He is so 'n rechten Schubbert, he is neet vööl to troen.
schubben = reiben, schaben usw.

Schüdd(e)kopp
Schüttelkopf, jemand, der immer mit dem Kopf schüttelt
auch: jemand, der ständig alles ablehnt, Neinsager.

Schummel(ke)
Schlampe, unreine, unordentliche, nachlässige; watschelig gehende plumpe Person
auch: Schmutz
schumm(e)lig, schummelg = schmutzig, schmierig, unrein.

Schummeltiek(e)
Schmutzkäfer
Schmutzfink, schmieriger, schmutziger Mensch; Kind, das sich immer beschmiert und beschmutzt.

Schundjer
Herumtreiber, Strolch, Stromer
schundjen = (suchend und spähend) herumstreifen, -schleichen, -strolchen.

Schun(d)ster
gemeine Person; Herumtreiberin, Straßenhure usw.
En Schundster van Wief.
schun(d)stern = sich auf der Straße herumtreiben, herumhuren
schun(d)sterig, schundsterg = schlampig, unordentlich, verwildert, verkommen, zerlumpt.

Schüüfkemaker
Faxenmacher, Schelm, dummer August
Schüüfke = loser Streich, Neckerei.

Schuulohr
Schutzohr, eigentl.: Schlapphut (Hut mit schlaff niederhängender Krempe), Mensch, auch Tier (vor allem Pferd, Hund, Schwein) der sich den Hut über die Ohren zieht und mit herunterhängenden Ohren geht, übertr.: falscher, heimtückischer, listiger, unzuverlässiger, charakterloser Mensch
Dat is 'n rechten Schuulohr un 'n falsken → Dönner.
schuulohrd, schuulohrig = mit hängenden Ohren; verschmitzt; unzuverlässig
schulen = sich verbergen, verstecken usw.

Sibille, Zibille
Sibylle, alte, böse, häßliche Frau, Weib (verächtlich, spöttisch), Hexe
Dat is 'n oll Sibille.

Sitt-up-de-Socken, Socke(n)sitter
Sockensitzer, jemand, der in Socken sitzt und keine Schuhe anzieht, um nach draußen gehen zu können; Faulenzer, Nichtstuer, Stillsitzer, Tagedieb; Stubenhocker
He is 'n rechten Socke(n)sitter, he kummt sien Leven neet van de Stee.

Slaapdott(e)
Schlafhäufchen, Schlafsüchtiger, der ›in 'n Dotte‹ (Häufchen) zusammensackt, Langschläfer, Schlafmütze; Einfaltspinsel.

Slaapmütz
Schlafmütze, Viel-, Langschläfer; Träumer; Trottel
auch: Schlaftrunk.

Slaapslunte(r), Slaapsluntje
schlaffer, schlottriger (auch: schlotternder) Mensch
Slunt = schlappes, schlottriges Etwas
slaapslunterig = schlaff, schlotterig, energielos.

S(ch)lacks, S(ch)locks
nachlässiger, schlaffer, träger Mensch; auch ein nachlässig, schlaff und schlenkrig gehender Mensch; lang aufgeschossener Junge
Dat is so 'n rechten langen (oder: ollen) Slacks.

S(ch)lampamp(er)
Schlecker, Schlemmer, Prasser; Müßiggänger, Tagedieb; Weichling, ein an Geist und Körper schlaffer, unselbständiger Mensch
De oll Schampamper mag sien egen Sweet neet ruken.
Slampamp = Brei.

Slapps
schlaksiger, schwacher, träger, auch: nachgiebiger Mensch.

Slappsteert
Schlappschwanz, Laumann
He is nett as Reit (Schilf) in de Wind, he is 'n Slappsteert.

Slauberger, Slaukopp, Slaumeier
Schlauberger, -kopf, -meier.

S(ch)leef
junger, unerfahrener, dummer; tölpelhafter, unbeholfener; ungehobelter Mensch
Dat was noch so 'n nöchtern Sleef, as he al achter de Wichter anleep.
Du Sleef van Jung, kannst du neet beter uppassen.
auch: großer, meist hölzerner Kochlöffel.

Slickerbeck, Slickermundje
Schleckermaul, -mund.

Slieter
Schleißer, Ruinierer, Ab-, Vernutzer
De Jungens, dat sünd sükse rechte Slieters un → Rieters.

S(ch)lirrt(je)
jemand, der sich leise überall (auf verbotenen Wegen) herumtreibt; müßig herumschwirrende Frau; leichtes und leichtsinniges flatterhaftes Ding; auch: leichtes, abgetragenes Kleidchen.

Slocker(t)
gutmütiger, nachgiebiger, etwas dummer Mensch
He is 'n goden Slockert, man der sitt neet vööl bi hum achter.
slock = geistig und körperlich schlaff, matt, träge, gutmütig, nachgiebig, gleichgültig, dumm usw.
He is dar vööls to slock to, as dat he sük dartegen wehrt.
He is man 'n bietje slock van Begripp.

S(ch)lömer
schläfriger, träger, träumerischer, gedankenloser Mensch, Faulenzer.

S(ch)loof
jemand, der sich ständig abmüht und abquält und stets die mühsamste und schmutzigste Arbeit verrichtet; armer Tropf; auch: alter abgearbeiteter Mensch
Dat is so 'n rechten armen Sloof.

S(ch)lör, S(ch)lörhacke, S(ch)lörhammel, S(ch)lör-Hans, S(ch)lörpott
fauler, körperlich und geistig träger, nachlässiger, vergeßlicher, gedankenloser, auch träumerischer Mensch, Tölpel; Slör, auch: Schlendrian
He is 'n rechten ollen Slör, de nix deit un nargends an denkt.
De Slör vergett' all, wat man hum seggt.
slören = schleppend, langsam (träge, lässig) gehen, schlendern
slörig = gedankenlos, vergeßlich, nachlässig, träge
He löppt dar so slörig hen.
Dat is 'n arbarmelk slörigen Keerl.

Sludder(er)
Schlotterer, schlotteriger, unordentlicher, nachlässiger Mensch.

Sludderbüx, Sludderlapp, Sluddermors, Sludderpeik, Sludderpelz, Sludderpott, Sludderpüüt, Sluddertiek(e)
Schlotterhose, -lappen, -hintern, -beutel, -pelz, -topf, -sack, -käfer
schlotteriger, unordentlicher Mensch, der alles verkommen läßt
Wenn man so 'n Sludderbüx an de Wand smitt, denn blifft he backen (kleben).

Sluff(e), Sluffke
körperlich und geistig träger Mensch; schlaffer, schlampiger, schlotteriger, schmutziger, unordentlicher, verlotterter Mensch
eigentl.: großer, weiter Pantoffel

En Sluff van Keerl (Wiev).
En Sluffke van Wicht.
sluff = hinfällig, matt, schlaff, müde usw.
(ndl.: slof).

Sluker(t), Sluukhals, auch: Harm-Sluuk
Schlucker, Schluckhals, Schlinger, Fresser, Säufer
He is 'n groten Sluukhals.
(ndl. = slokker)
sluuks = gierig und unmäßig.

Slumpensleef
schlaffer, fauler; unbeholfener; dummer, stupider Mensch; mürrischer Kauz.

Slunt(e), Sluntje
schlaffes, schlotteriges Etwas, Fetzen, Lappen, Lump
übertr.: ein nachlässiger, schlotteriger, unreinlicher, auch nachgiebiger, unzuverlässiger Mensch, ›Waschlappen‹
En Slunt van Keerl.
auch: Slaap-Slunte
sluntern = schlottern; schlaff, lose, unordentlich, nachlässig hängen; sich schlotterig bewegen.

Sluupsteert
Schleifschwanz, ›begossener Pudel‹, niedergeschlagener usw. Mensch
eigentl.: Hund, der den Schwanz (Kopf und Ohren) hängen läßt
sluupsteert(j)en = wie ein begossener Pudel gehen, schleichen usw.
sluupsteerts = beschämt, betreten usw.

Smachtlapp(e)
Habenichts, Hungerleider.
He sücht ut as 'n Smachtlapp.
He is 'n Smachtlapp van Keerl.
Smacht = (starker) Hunger
Smachtlapperee = Hungerleiderei, elende Wirtschaft
smachten = hungern, verlangen
smachtig = schmächtig, abgezehrt, mager, dünn usw.

Small-Hans
Schmalhans, Hungerleider.

***Smeerbudel,* Smeerkraam; Smeereree**
Schmierwirtschaft, Schmierkram, Schmutz; dreckiger Betrieb, Laden; Schmiererei, Sudelei.

Smeerbuuk
Schmierbauch, fetter Bauch, auch: Schmarotzer
He kriggt 'n Smeerbuuk.
He is 'n rechten Smeerbuuk.

Smeerlapp, Smeerlepel, Smeerpott, Smeertiek(e), Smeeruulke
unordentliche schluddrige (meistens weibliche) Person, Schmutzfink; auch: Mensch von unsauberem Charakter
Wo kann de Keerl blot so 'n Smeerlapp van Wief nehmen.
'n Smeeruulke van Wicht (Uulke = Eule und Bürste, vkl.).

Smuddel, Smuddeler, Smudd(el)lapp
schmieriger, schmutziger, unsauberer, unreinlicher Mensch, Schmierfink, Liederjan
So 'n Smuddel van Wicht sull man haast neet mit de Tang anfaten.
Dat is 'n rechten Smudd(el)lapp van Keerl, Wicht.
Smuddelee, Smuddelkraam = Schmiererei, schmutzige, unsaubere Sache, Wirtschaft usw.
smuddeln = schmieren, schmutzen, mantschen.

Snacker, Snackewat, Snackfatt; Snack-Trientje
Schwätzer, Plauderer, Plaudertasche; Schwätzerin
Du malle Snacker.

Snarrder, Snarr-Hans, Snarr-Heike, Snarrpott
Aufschneider, Dicketuer, Phrasendrescher, Prahler; Lügner
jemand, der laut, mit schnarrender Stimme spricht
snarren = schwadronieren, prahlerisch reden usw.

Snater; Snaterbeck; Snaterbüx
Maul; Plapper-, Schwatzmaul; Plapperhose
He is so 'n Snaterbeck, dat he 't Muul heel neet hollen kann un alltiet snatern mutt.
snatern = schnattern, plappern, viel und laut schwatzen.

Snoper, Snoopster
Näscher, Näscherin
Snopers (auch: snoopske Katten) verbrannen sük de Beck.
Snopen, Snoperee = Näscherei
snopen = naschen; heimlich und hinter dem Rücken eine Affäre haben
snoper(i)g, snoopsk = naschhaft

S(ch)nösel
Schnösel, dummdreister, junger Mensch, Bengel, Flegel
snöselig = flegelig, dummdreist, unerzogen.

Snöttaap, Snöttbart, Snöttbengel, Snöttfatt, Snöttlapp(e), Snöttlepel, Snöttert

Rotzaffe, -bart, -bengel, -faß, -lappen, -löffel, Rotzer, Gelbschnabel, Rotzbengel, Naseweis

Du Snöttert van Jung, wullt du ok al mitproten.

Wenn ein Junge vorlaut ist, ermahnt man ihn: Snöttert snuuf di (schnaub dich), Bengel buug (oder: buck) di (beug oder: bück dich).

Snött = Rotz, Nasenschleim; auch scherzhaft: Gehirn

z.B. Snött in de Kopp hebben = klug sein

snöttern = sich mit Rotz besudeln, rotzen; einfach so daherreden.

snötter(i)g = rotzig, mit Rotz (Nasenschleim) beschmutzt; naseweis, superklug, scharf

Dat is 'n snöttergen Jung.

Snüffel

Schnüffler, (Spür)nase, Riecher, Spürhund, Spion; gemeiner Bursche

He hett sien Snüffel overall in.

He is 'n Snüffel van Keerl, oder: en gemenen Snüffel.

snüffeln = schnüffeln, schnauben.

S(ch)nuut

Schnauze, Maul

etwas gröber als → Beck oder → Muul

Jung, seggst du tegen dien Vaders Beck van Snuut? sagte der Vater tadelnd zu seinem Sohn, der ihn auf seinen verschmutzten Mund aufmerksam machte.

Holl dien Snuut = Halt 's Maul.

He hett alltiet en groot Snuut.

Snuver

Schnauber, Schnüffler, Naseweis, Topfgucker;
Ik sall wall uppassen, dat de Snuver neet herkummt.
snuven = schnauben, schnaufen, schnupfen usw.

Snuuv-in-de-Gört

Schnaub-in-die-Grütze, ungehobelter, unappetitlicher Mensch

Sock(e)sitter

Sockensitzer, jemand, der stets zu Hause (beim Ofen) sitzt und nicht hinausgeht, Stillsitzer, Stubenhocker, Faulpelz, Nichtstuer usw.
He is 'n rechten Sock(e)sitter, he kummt sien Levend neet van de Stee.

Sott

Tor, Narr; Tropf, dummer Teufel
He is 'n rechten Sott.
sott = dumm, närrisch, töricht
Sottheit = Dummheit, Narrheit, Torheit
sotten = dumm, töricht handeln
Lotten (in der Lotterie spielen) is sotten.

Speckhals, Specknacke

Speckhals, -nacken, feister, speckiger oder auch dicker, fleischiger Hals.

Spiekermuus

Speichermaus, kleine Maus, Spitzmaus;
übertr.: Kind, kleiner Mensch mit spitzem, scharfem und mageren Gesicht oder scharfen und hellen Augen (bzw. entspr. Aussehen); altkluges, naseweises Kind.
He sücht (se kickt) nett so ut as 'n Spiekermuus. Se is nett so wies as 'n Spiekermuus.
→ Muus.

Spier(e), Spierling

Spiere
dünner, schmächtiger Mensch
Spiere eigentl.: Rundholz, Stange oder Takelage, Halm, Faser
auch: Kleinigkeit, Nichts, ein bißchen
Spierling werden auch mehrere kleine Fischarten, z.B. Stint, Flußaal usw. genannt.

Spillverdarver

Spielverderber, Störenfried.

Spinn(e)

Spinne; böses, giftiges Wesen, vor allem Frau
He (se) is nett so düll as 'n Spinn.

Dat is 'n rechten lüttjen Spinn van Wicht.
En Spinn van Wief.
spinnedüll = sehr böse, giftig, zornig.

Spinn-Eevke
Spinn-Evchen, böse, giftige Frau.

Spinnfootje
Spinnfüßchen, Schwächling
spinnfootjen = hin und herlaufen, zappeln.

Spirrelfink
Schwächling, dünner Mensch (eigentl.: Spittelfink = Spitalfink).

Spitzboov
Spitzbube
De Spitzboov denkt, all Lü stehlen (Was ich denk und tu, trau ich auch andern zu).

Spitzlicker
Spitzlecker, jemand, der an der Spitze der Schreibfeder leckt, Wortklauber, Haarspalter; Naseweis.

Spitz-Venien
›giftiger‹, scharfer Mensch
venien = sehr scharf, giftig.

Spökenkieker
Geister-, Gespensterseher; jemand, der ständig Unglück oder Negatives zu sehen glaubt, Pessimist
Du oll Spökenkieker.

Spöker
Spuker, Lärmer, Rumorer
De lüttje Spökers van Kinner.

Spöök
Spuk, Geist, Gespenst; nichtiges, unbedeutendes Wesen; abgezehrter, blasser Mensch
He sücht ut as 'n Spöök.
Dat is man so 'n Spöök van Keerl.

Sprick(e), Sprick(t)je
dünner, dürrer, hagerer, magerer, leicht zerbrechlicher Mensch
eigentl.: dürres, leicht zerbrechliches Zweiglein
He is man so mager as 'n Sprick, is man so 'n Sprick van Jung, Keerl.
So 'n Sprick van Keerl as du büst, de will noch dick doon.
sprickbenig, sprickbeend = spindelbeinig
spricksk = ausgemergelt, dürr, hager, schwach, leicht zerbrechlich usw.

Spucht

schwacher, schmächtiger, hagerer, abgemagerter Mensch; Gerippe; Geist
En Spucht van Kind (Keerl, Minske), dat man hum wall haast wegblasen kann.
Dat is man so 'n Spucht, he is haast nix as Huut un Bunken.
He sücht ut as 'n Spucht.

Stacker(t), Stieker(t), Stökel

armer Schlucker, alter, armseliger, bedauernswerter; elender, gebrechlicher, hinfälliger; steifer Mensch
He is 'n armen Stackert, dat he nix mehr kann.
stökelachtig, stökelig = gebrechlich, hinfällig usw.

Staffel

Stümper, Invalide; steifer, lahmer, gichtiger Mensch; alter, schwacher, körperlich und geistig verbrauchter, stumpfer und blödsinniger Mensch; Schwachkopf, Dummerjan
stafen = steif und starr sein (oder: werden); steif und unbeholfen, unsicher gehen, hinken, stolpern usw.
stafern = unsicher und tappend gehen, stolpern
staff = steif, ermüdet, unbrauchbar, ungeschickt, dumm usw.
staffolt = starr und alt, uralt.

Stah-fast

Steh-fest, standhafter Mensch; stämmiger Mensch, Kraftmensch; unerschütterlicher Mensch; Bekenner.

Stah-in-de-Weg

Steh-im-Weg, jemand der bei der Arbeit eher hinderlich als förderlich ist, unbrauchbarer Mensch;
nutzlose (im Wege stehende) Sache.

Stamerbuck, Stamerbüx, Stamer-Jan

Stammelbock, Stammelhose, Stammel-Johann, Stotterer.

Stänker, Stankmaker, Stunkmaker

Stänkerer, streitsüchtiger Mensch, Zänker, Keifer.

Steertholler

Schwanzhalter, unbedeutender, zweitrangiger Mensch, Mitläufer usw.
He is blot 'n Steertholler, se hollen hum lüttjet.

Steert-Ütze

unfertiges Ding; unerwachsenes Kind, Gelb-, Grünschnabel
'n Steert-Ütze van Wicht = ein immer hinter der Mutter her schwänzelndes Mädchen
eigentl.: Schwanzkröte, Eidechse, Molch, Kaulquappe.

Stiefkopp, Stiefhals, Stiefnack

Steif-, Starrkopf; eigen-, starrsinniger Mensch

Stiefsinn = Starrsinn

stiefkoppig, stiefkoppt, stiefnackt, stiefsinnig = steif-, starrköpfig, starrsinnig usw.

Stiekel

Stachel, stachliges, ekliges, eigensinniges, störrisches Wesen

En Stiekel van Kind, Wicht usw.

stiekel(i)g = stachelig, böse, eklig, schroff, störrisch

He hett 'n stiekelgen Natur.

Se scheppt hör Keerl wieder nix up as Steekröven (Steckrüben), Stiekelstargen (Stichlinge) un Schellfisk (sagt man von einer Xanthippe, zänkischen Frau) (Wortspiel).

Stiekelswien

Stachelschwein, Igel

sprödes, unnahbares Mädchen

Se is as 'n Stiekelswien, se lett sük nich anfaten.

Stinker(t)

Stinker, jemand, der stinkt oder einen üblen Geruch hat und verbreitet; plumper, roher Mensch; Lümmel; (auch als Kosewort).

So 'n Stinkert kann ik neet in Huus hebben.

Stinkeree = Stinkerei

stinker(i)g = stinkerig, übelriechend, verdorben, gemein, schlecht usw.

Dat is 'n stinkergen → Blixem (Teufel).

Strieker

Streicher, Herumtreiber, Landstreicher, Lungerer, Vagabund.

Striethammel

Streithammel, Stänkerer, Friedensstörer.

Strohkopp

Strohkopf, Dummkopf usw.

Strömer

Herumstreicher, Landstreicher, Vagabund

Dat is so 'n rechten ollen Strömer, de alltiet overall herumstriekt.

strömen = strömen, laufen, streichen.

Ströper

Streifer, Herumstreifer, Vagabund, Gelegenheitsdieb

He is en van de rechte Ströpers, de overall herumströöpt, um wat to roven.

stropen, ströpen = (herum)streifen, plündern usw.

Strukel
unangenehmer Mensch, ›Knilch‹, jemand, der abstoßend, unfreundlich, oder auch widerspenstig und störrisch ist
strukel, struk(e)lig, strukelg = abstoßend, böse, finster, mürrisch usw.

Strunt(kraam)
Schund, Abfall, schlechtes, unbrauchbares Zeug, Dreck; gemeines, schlechtes Etwas
meistens als Schimpfwort: en Stück Strunt,
oder auch: en Strunt van Keerl, Wief
He sücht ut as 'n Stück Strunt (oder: Schiet).
Van boven bunt, van unnern Strunt (von oben hui, von unten pfui).

Struntsel
Strunze, liederliches Weibsbild, Schlampe, Herumtreiberin, Hure; gemeines Pack; Abfall, Fetzenkram.

Strunt(en)stamper
Homosexueller; Päderast.

Struukdeev, Struukrover
Strauchdieb, Wegelagerer, Herumlungerer, kriminelles Sujekt.

Stück
Stück
en Stück Deevs = ein arger Dieb
en Stück Wievs = ein Weibsbild
en Stück Schelms = ein Erzschelm
en Stück Schiet = ein Stück Scheiße
en mall Stück = verrücktes Stück.

Stuuthaspel
launischer Mensch, seltsamer Kauz; Tölpel, Tolpatsch
Mit hum is slecht klaar to worden, he is en egen Stuuthaspel.
(ndl.: stoethaspel).

Stuver
Stäuber, Staubmacher, Flieger, Stürmer, Tober; Lärmer, Prahler
'n Stuver van Keerl
auch: Stoß-, Wirbelwind.

Sudde
Faulpelz; Schweinigel; faule, schmutzige Frau, Schlampe
En Sudde van Wief, wat man haast neet mit de Tang anfaten sull.

Sudde(l), Suddelmors; Suddel-Trientje

unreinlicher, schmutziger, fauler Mensch meistens: Frau

suddeln = sudeln, schmutzen, schmieren, unreinlich und unordentlich arbeiten

suddelig = sudelig, schmutzig, faul, träge.

Süffel

Säufer, Trunkenbold.

Sullje(s)

dummer, gutmütiger, einfältiger Mensch, Tropf, Einfaltspinsel.

Sünder, Sünner

Sünder (Bedeutung wie im Hochdt.).

Sünnenbuck

Sündenbock.

Sünnerling

Sonderling, absonderlicher, eigentümlicher Mensch.

Super(ske), Suupkopp, Suupnöös, Suuppülle, Suupsack, Suupswien, Suupülk, Suup-ut

Säufer(in), Saufkopf, -nase, -flasche (vor allem Säuferin), -sack, -schwein, -iltis, -aus.

Susebold, Susewold

Sausebold, Mensch, der stets in Saus und Braus lebt, Wüstling, Liederjan

susen = sausen; auch in Saus und Braus, bzw.: liederlich leben.

Suursnuut

Sauerschnauze, ein Mensch, der zu allem ein saures Gesicht macht, Griesgram, Murrkopf, Sauertopf.

Swaartweger
Schwarzweger, ursprünglich am Schwarzen Weg in Moordorf bei Aurich wohnender Mensch
allgemein: Landstreicher, asoziale (häufig auch dunkelhäutige) Menschen.

Swackkopp
Schwachkopf, Dummkopf usw.

Swartkieker
Schwarzseher, Pessimist.

Swiemel, Swiemeler
Nachtschwärmer, Trunkenbold, Saufaus
Swiemel auch: Rausch, Schwindel, Taumel
swiemeln = nachtschwärmen, saufen, im Rausch (Taumel) leben usw.
swiemelig = betäubt, schwindelig, taumelig.

Swien
Schwein, unreinlicher, unordentlicher, liederlicher Mensch (Bedeutung wie im Hochdt.)
Swieneree = Schweinerei, Schmutzkram
swiensk = schweinisch, säuisch; schmutzig, liederlich; gemein
'n swiensk Keerl, swienske Woorden.

Swien(e)driever
Schweinetreiber, gewöhnlicher, roher, schmutziger Mensch (allgemein abfällig).
He sücht ut as 'n Swiendriever (so schmutzig).
Die Mitglieder der Norder Bürgerwehr (um 1850) wurden wegen ihrer langen, bis über die Knie herunterschlotternden grünen Uniformkittel spöttisch Swien(e)driever genannt.

Swienegel
Schweinigel, liederlicher, säuischer, unreinlicher Mensch, manchmal auch: Igel
Wo kannst du Swienegel di wall so tosauen!
Wor hest du Swienegel al weer inseten?

Swiengoot
Schweinezeug, schmutziges und liederliches Volk; unreinliches und schmutziges Zeug
Wat geiht dat Swiengoot dar bi to kleien.

Swienhund
Schweinehund
Du Swienhund, wullt du wall maken, dat dat furt (weg) kummst.
Du büst ja 'n naren (schlimmer) Swienhund.

Swienpans
Schweinewanst, -bauch (allgemein abfällig).

Swienpriester
Schweinepriester, Schweinepreiser
unreinlicher, unflätiger Mensch, Miststück, (allgemein abfällig)
Das Wort bezieht sich vermutlich ursprünglich auf das Preisen des geschlachteten Schweines durch die Nachbarn.

Swientitt(e)
Schweinezitze (allgemein abfällig von Frauen).

Swierbold, Swierbröör
Schwärmbold, Schwärmbruder
Nachtschwärmer, Mensch mit einem flotten, üppigen, häufig betrunkenen Lebenswandel
He is 'n rechten Swierbold (Swierbröör) un Nachtswalker (Herumtreiber), de sien Levend haast neet nöchtern is un haast neet to Besinnung kummt.
swieren = herumtreiben, nachtschwärmen; aber auch: sich schwingend bewegen (z.B. auf dem Eise).

Tackenhüpper
Zweighüpfer, unzuverlässiger Mensch, schräger Vogel.

Targer
Zänker, Streithammel.

Tater, Totter
Plapper-, Schwatzmaul, ungewaschenes Maul
(Tater auch: Zigeuner)
Holl dien Tater.
He kann sien Tater neet hollen.
tatern, tottern = plappern, schnattern, laut plaudern oder schwatzen, dummes unverständliches Zeug reden, z.B. tottern as de Gosen
Ik will di tramtatern = dich dein böses, loses, vorlautes Maul halten lehren (droht man wohl Kindern).

Teev
Hündin; gemeine, auch lüsterne Frau, Hure
Se is geil as 'n Teev.

Tiek(e)
Käfer, allgemein, nicht allzu abfällig, häufig in Zusammensetzungen, z.B. → Smeertiek usw.
Dat is 'n ollen Tiek = alberne, seltsame Person.

Tiepelmors
Kleinigkeitskrämer, umständlicher Arbeiter.
Tiepelkraam, Tiepelee, Tiepelwark = Spielerei, Klüngelei, kleinliche oder zeitraubende oder: langweilige, mühsame, ermüdende Arbeit
tiepeln = (herum)zupfen (um etwas zu entwirren), leise und leicht berühren, fingern, herumspielen, tändeln, klüngeln, umständliche, zeitaufwendige Arbeit verrichten
tiep(e)lig, tiepelg = spielerisch; langweilig; langwierig und mühsam, kleinlich, minutiös oder fein.

Tieraap, Tiermors
Zieraffe, Zierarsch, Angeber(in), Geck; albernes Ding; aufgedonnerte Frau.

Tiertart
jemand, der ständig neckt und frotzelt, Plagegeist
He is 'n rechten Tiertart, de keen Minsk tofree laten kann.
tieren = (sich) anstellen, zieren. Tier di neet so = Stell dich nicht an.
tiertargen, tiertarren = immerfort necken und plagen.

Tiffke
kleine, streitsüchtige Person, Keiferin
eigentl.: kleine Hündin, kleiner Kläffer.

Töffel
Tölpel, plumper, ungeschickter; auch naiver Mensch; Dummkopf, (auch wohlwollend gesagt)
Töffelee = Ungeschicklichkeit; Dummheit
töffelig = ungeschickt, dumm.

Tööt, Töte
Schwätzer(in), Plaudertasche, Klatschbase; dumme Person, Gans usw.
töten, tötern = plaudern, schwatzen, ungereimtes und dummes Zeug reden usw.

Töötje
kleine, auch kleinliche, alberne Schwätzerin
'n Töötje van Wicht.

Töötjeree = belangloses, nichtssagendes Geschwätz (Arbeit)
töötjen = belanglos schwatzen
töötjerig = geschwätzig, langsam und ›langdrahtig‹ beim Reden und in der Arbeit.

Törf, Törfkopp, Törfsnuut, auch: Dirk- oder Jan-Törf
Torf, Torfkopf, Torfmaul, Dummkopf, überaus dummer, begriffsstutziger, verwirrter Mensch, dummer Klotz
So 'n Törf as du büst, hebb ik mien Daag noch neet sehn.
He is so dumm as 'n Törf.
Du büst 'n rechte Törfsnuut.
eigentl.: Torf (zum Brennen).

Töteldöös, Töteler(ske), Tötelmors
Zauderbüchse, Trödelfritze, Trödelliese, jemand, der zaudert, sich mit allem lange aufhält und mit nichts fertig wird; Faselhans, Schwätzer(in), jemand, der viel dummes Zeug redet
töteln = trödeln, zaudern, tändeln; faseln, dumm schwatzen.

Tott(er)goos
Schnattergans, Schwätzer(in), dummer, schwatzhafter; auch gutmütiger Mensch
eigentl.: Gans (Kindersprache)
→ Goos.

Toverske, Töverske, Töverhex
Zauberin
Im 16. Jahrhundert war die Bezeichnung ›Toverske‹ oder ›Toversche‹ das Schlimmste, was man einer Frau nachsagen konnte. War auch nur der Schein eines Beweises für diese Behauptung zu erbringen, so mußte sie mit einem peinlichen Prozeß und nicht selten mit einem qualvollen Tod rechnen.
(ndl.: toverheks).

Traankopp
Trankopf, Schlafmütze.

Traankuus
Tranzahn, ›traniger‹, langweiliger, umständlicher Mensch
Traan = Tran; Träne.

Traanoog
Tränauge, Triefauge (allgemein abwertend).

Trabant
Trabant, kleines Kind, Bengel, Bursche, Schlingel
eigentl.: Leibwächter, Diener.

Treckaap
Ziehaffe; Grimassenschneider.

Trieselpiep(e)
Drängelpfeife, Drängler, Plagegeist
trieseln = gewaltsam drängen, plagen.

Trüggeler, Trüggelmors
Zauderer, Zögerer; auch: unaufhörlich bittender, zudringlicher Mensch, Bettler usw.
trüggeln = drängeln usw.

Trull(e), Trüll(e)
kleiner, runder und beleibter Mensch, vor allem Frau
He (se) is 'n lüttjen dicken (fetten) Trull.
auch: rollende, wälzende Bewegung, rollender, wälzender Wurf
Trüll(en) auch: Rollstrecke der Klootkugel nach dem Aufprall.
trullen, trüllen = rollen, wälzen.

Trütt(e), Trüttje (auch: Drüttje)
dummes (auch: dickes) Weib, alberne Gans usw.

Tuckel, Tukel, Tucker, Tuckellamm, Tuckerlamm (-lammke)
Kosewort: Liebling, Herzchen, Schatz, Lämmchen
aber auch: einfältiges, dummes Wesen, Einfaltspinsel, Naivchen, dummes Schaf, Schafskopf.
Dat is noch so 'n Tu(c)kel van Jung (Wicht, Kind).

Tuffel
Kartoffel, Pantoffel, Mensch mit schwerem oder schwerfälligem oder auch schlurfendem Gang
En Tuffel van Jung, Wicht, Wief.
auch: schwer auftretender, breiter, plumper Fuß

tuffeln = schleppend, schlurfend, schwerfällig gehen
Wor he mit sien Tuffels hen tredd, dar tuffelt he 't all platt.
tuffelig = mit schleppendem Gang usw. gehend.

Tülle
Trunkenbold, Säufer(in).
→ Pülle.

Tult(e)
Schlampe, Hure, gemeines Weib
'n Tult van Wief
eigentl.: Fetzen, Lappen, Stück, Klumpen usw.

Tünn(en)schojer
Eckensteher, Herumtreiber, Spitzbube
(Tünn = Tonne, Faß, Gefäß).

Tünteler
Zauderer, jemand, der langsam und mühsam oder auch in kleinkarierter Weise arbeitet
tünteln = flechten, knoten; verwirren; langsam und mühsam arbeiten, zaudern usw.

Tütter
leichtsinnige, schwatzhafte; auch: versoffene Frau;
auch: Huhn, Hühnchen (Kosename).

Tursnuut
brummiger, sauertöpfischer, störrischer, unfreundlicher Mensch
tursk = brummig, unfreundlich, störrisch.

Tuusterkopp
Zottelkopf, Struwelpeter; mürrischer, unfreundlicher Mensch
tusen = reißen, zausen, zupfen usw.
tusig, tuusterig, tuusterg = zerzaust, zerrissen, wirr usw.

Tuustersnuut
struppige Schnauze, mürrischer, unfreundlicher Mensch.

Tüüt
kleines Mädchen; eigentl.: Huhn; Regenpfeifer (Vogel)
Du lüttje Tüüt.
De oll Frau löppt noch as 'n Tüüt (sehr schnell).
Dat geiht as 'n Tüüt (das geht wie von selbst).

Tüütje
Kindchen, Liebchen; eigentl.: Hühnchen.

Tüütjeflicker
Tütenflicker; Kleinigkeitskrämer.

Uke-Duse
Nichtsnutz, Schelm; Träumer.

Ülk
Iltis
He stinkt as 'n Ülk. He is mager as 'n Ülk.
He hett Benen unner de Neers as 'n Ülk (kurzbeinig).
Se jungt as 'n Ülk (bringt viele Kinder zur Welt).
auch Kosewort = kleines Kind.

Ülkert
unsauberer Mensch (vor allem Frau).

Unband
Ausbund
unbandig, unbannig = gewaltig, unbändig, wild, zügellos
Dat is ja 'n unbannigen (ungeheuer großer) Jung.
So 'n unbannig groot Kind hebb ik noch neet sehn.

Undöög(t)
Taugenichts, Bösewicht, Tunichtgut; auch: scherzhaft: Du oll Undöögt.
auch: Böses, Schlechtigkeit, Undank
He deit nix as Undöögt.

Unnösel
Dummkopf, Einfaltspinsel; unvernünftiger Mensch; Flegel
Unnöselheit = Unschuld, Einfalt, Dummheit; Flegelhaftigkeit
unnösel; auch: **heergottsunnösel** = unschuldig, harmlos, einfältig usw.

Upsnieder
Aufschneider, Bluffer.

Utorder
aus der Art geschlagener, mißratener Mensch; Bastard.

Utverschaamtheit
Unverschämtheit, Unverfrorenheit, Frechheit
utverschaamt = unverschämt, schamlos; frech; anmaßend
Du utverschaamte → Fent, Keerl usw.

Verneler

Verderber, Vernichter, Zerstörer

De Jung is ’n rechten Verneler.

vernelen = zerstören.

Vögel-Wüppup

lebhafter, munterer Mensch, Springinsfeld

He is alltiet ’n Vögel-Wüppup.

Voß

Fuchs, schlauer, durchtriebener Mensch

Dat is ’n slauen Voß, de is neet to fangen.

Nimm di in acht vör so’n Voß, de treckt di de Büx ut, wor du sülvst mit bi büst.

Waggelmors

Wackelarsch, jemand, der den Hintern hin und her bewegt oder dreht

waggeln = sich hin und her bewegen, wackeln usw.

Wambuus, Wanbuus, auch: Bambuus

böser, wilder, wüster Mensch, Raufbold; Schlingel, Taugenichts

De Keerl is so ’n Wambuus, dat he heel neet to stüren un to hollen is.

He is ’n rechten lüttjen Wambuus.

wambusen, wanbusen = wild, wüst stürmen, leben

wambusig, wanbusig = wild und wüst, stürmisch.

Wanscheppsel

Mißgeburt

wanschapen = mißgebildet, -gestaltet.

warkgierig

arbeitsgierig, arbeitssüchtig

He is warkgierig = er ist ein ›Workaholic‹, ein arbeitswütiger Mensch.

Wicker; Wickerske, Wickwief

Hexer, Wahrsager; *Hexe,* Wahrsagerin

Du mußt na ’n Wickwief gahn, de sall ’t wall weten, wat der an to doon is.

Quacksalvers un Wickwiefen mutten to 't Huus ut blieven.
wicken = wahr-, weissagen, hexen, beschwören, beteuern.

Wieske
kleine, naseweise Person
Se is so 'n recht lüttjet Wieske.

Wiesmaker
Weismacher, jemand, der anderen etwas weis- oder vormacht, falsche Vorstellungen und Hoffnungen hervorruft.

Wiesnöös
Naseweis, überkluger Mensch, Neunmalkluger
Wiesnöseree = Naseweisheit
wiesnösig, wiesnöösd = naseweis, superklug.

Wiggelmors
Schaukelhintern, ein stets den Hintern hin und her bewegender, oder auch ein sehr unruhiger, nie stillsitzender Mensch
wiggeln = hin und her bewegen, schaukeln usw.
wiggelsüchtig = *schaukelsüchtig*, sehr unruhig und beweglich, sehr schwankend und unzuverlässig
en wiggelsüchtig Minsk.

Wiggelpahl
schwankender Pfahl; übertr.: ein stets schwankender und unzuverlässiger Mensch.

Windbüdel, Windhack, Windheike, Windmaker, Windmieger, Windsack

Windbeutel, Windhacker, Windmantel, Windmacher, Windpisser, Windsack windiger Mensch, Windbeutel, Angeber, Prahler, Phrasendrescher, Snob, Wichtigtuer

Windmakeree = Windmacherei, Gaukelei, Mache

windig = (übertr. wie im Hochdt.) Mensch, der windig ist oder viel Wind macht.

Wippsteert, Wüppsteert

Wippschwanz, sehr beweglicher, unruhiger Mensch, der kein Sitzfleisch hat

auch: Bachstelze (Vogel)

Wippke = kleiner Sprung; loser Streich, Täuschungsversuch

wipp(k)en, wüpp(k)en = hüpfen, springen usw.

wipp-(wüpp)steerten = sich unruhig hin und her bewegen.

Wöhler, Wöhlrött(e)

Wühler, Wühlratte; unruhiger Mensch; jemand, der sich bei einer Arbeit redlich abrackert.

Wöhlgeest

Wühlgeist, unruhiger (alles durch- und umwühlender) Mensch,

sich immer hin und her werfender (wälzender) Mensch (z.B. im Bett).

Wöser, Wösder, Wösdert

Verwüster, Vergeuder, Verschwender, wüster, wilder, unordentlich lebender und alles vergeudender Mensch.

wööst = wüst, wild, unruhig, stürmisch.

wösig = aufgeregt, wüst, wild, rauh, zerzaust.

He sücht so wösig ut as de Düvel.

Wöter, Wöterke

Wühler, Reißer, unruhiger, wilder Mensch.

Wrange(r)

verdrehter, querköpfiger, streitsüchtiger Mensch; Quäl-, Plagegeist; böser Mensch

He is 'n rechten Wrange(r) van Jung (Keerl).

De verdoomde Wrange(r) van Jung, weet nix as Minsken un Deren to turten un to quälen.

Wrante(r), Wrantepott

grämlicher, mürrischer, verdrießlicher Mensch

wrante(r)n = belfern, mäkeln, murren, nörgeln usw.

wrant(e)rig, wranterg = grämlich, mürrisch, nörgelig, verdrießlich

He is so wranterg as 'n Pott vull Lusen.
He kickt so wranterg ut, dat man haast bang vör hum worden mutt.
→ Frante(r) usw.

Wrocker

boshafter, rachsüchtiger, feindseliger, hassender Mensch, Stänkerer
Wrock = Groll, Feindschaft, Rachsucht
wrocken = Feindschaft (oder: Hass, Zwietracht) erregen, stänkern, grollen
wrocksk = rachsüchtig, feindselig, boshaft usw.
Dat is 'n wrocksken Keerl, wor man sük vör in acht nehmen mutt.

Wrögel

Stänkerer, Zänker; abscheulicher, elender und gemeiner Wicht, Taugenichts (auch: Krüppel: Mensch, Tier, Pflanze)
He is 'n rechten, biestern Wrögel van Keerl.
wrögen, wrogen, wragen = rügen, tadeln, schelten, murren.

Wröter, Wröötsker

→ **Fröter, Fröötsker.**

Wuracker

Wühler, jemand, der schwer und ununterbrochen arbeitet
wuracken = heftig, wild, blindwütig und planlos arbeiten.

Wußt, En Keerl as 'n Pund W.

Feigling, Jammerlappen, Schwächling, weicher Mensch ohne Rückgrat, Mensch ohne Stehvermögen
He is 'n Keerl as Kasjen, un Kasjen was 'n Keerl as 'n Pund Wußt.

Zeeg

Ziege, störrische, widerborstige Frau
Wat büst du 'n oll Zeeg, 'n Zeeg van Wicht.
Wat is dat 'n drögen Zeeg (hagere Frau).
Dat stinkt hier as 'n Zegenhuck (Ziegenstall).

Zegenbuck
Ziegenbock
He stinkt as 'n Zegenbuck.
He is nett so stief (geil) as 'n Zegenbuck.
He sitt vull van Kumpelmenten, as de Zeegbuck vull Kötels (ist ein Schmeichler).

Ziepelke
Zwiebelchen
weinerliche, alberne Person
En Ziepelke van Wicht.

Ziepeler
weinerliche, weichliche und sehr empfindliche Person; jemand der leicht Tränen vergießt
ziepeln = einzelne Tränen vergießen oder in die Augen bekommen, wenig oder leise weinen.

Ziepel-Triene, Ziepel-Trientje
Zwiebeltriene, Heul-, Transuse, sehr empfindliche wehleidige Frau, albernes und weinerliches Frauenzimmer.

Berufe und Tätigkeiten

Avkaat
Advokat, Rechtsanwalt

Baartscherer, Baartschrabber
Barbier, Frisör

Baas Knieptang
Schmied

Balgentreder
Bälgetreter (bei der Orgel)

Beenlapper
Beinflicker, Chirurg, auch: Heilpraktiker

Beest, 'n groot B.
hoher Beamter bzw. bedeutende Persönlichkeit

Beestmarkt, swarte
Coetus (Versammlung) der reformierten Prediger (scherzhaft) Die Versammlungen des Coetus waren stets in Emden, und so wimmelte es an Konferenztagen dort von schwarzberockten Herren.

Bessenbinner
Besenbinder

Biggensnieder
Ferkelschneider, -kastrierer → Swiensnieder

Blickslager
Klempner

Böhnhaas
Bodenhase, Pfuscher ursprüngl. Handwerker, der keiner Zunft oder Gilde angehört und seine Arbeit heimlich (auf dem Boden oder in einem Verschlag) ausübt, bzw. sich aus Furcht vor Strafe, einem Hasen gleich, dorthin flüchtet oder verkriecht (auch scherzhaft für: Katze).
böhnhasen = heimlich sein Gewerbe betreiben, anderen Berechtigten ins Handwerk pfuschen

Bösselmaker
Bürstenbinder

Buttjer
Buttfischer

Buuklapper
Bauchflicker, Internist

Deevsluter
Diebschließer, Gefängniswärter

Dodengraver
Totengräber

Dokter Veerfoot
Tierarzt (entsprechend: Dokter Tweefoot)

Domine, Doomne
Domine, reformierter oder mennonitischer Geistlicher (ungebr.)

Döörwachter
Türwächter, Türhüter

Düürverkoper
Teuerverkäufer, häufig auch: Apotheker

Duvenmelker
Taubenmelker, Taubenliebhaber, -züchter

Exkuter
Geldeintreiber, Gerichtsvollzieher

Fahrensmann
Schiffer, Seefahrer

Fieselstöter
Mörserstößer, Apotheker (**Fiesel** = Mörser)

Filler
Abdecker, Schinder, auch: jemand, der unordentlich schneidet

Fleeskhauer
Fleischhauer, Fleischer, Schlachter

Fleeskkieker
Fleischbeschauer

Flintfiller
Steinschneider, Steinmetz, -hauer

Fraumoor
Hebamme

Füürböter
Heizer
(He kummt na de Düvel as Füürböter, sagte man einst von einem verstorbenen nichtsnutzigen Schmied)

Göötjestipper, Stipp-in-de-Gööt, Stipp in 't Göötje
Stipp-in-die-Gosse, früher Polizeidiener (in Emden, der auch die Reinhaltung der Straßen usw. zu überwachen hatte)

Gottswoord sien Handlanger
Pastor

Gottswoord van 't Land
Landpastor

Granaatpuler
Krabbenschäler

Gröönrock
Zollbeamter

Gröönteeter
Vegetarier

Hebamm(e), Hebammske
Hebamme

Heergott sien Handlanger, uns H. sien ... (oder auch → Pleegsmann)
Pastor

Höker
kleiner Kaufmann (der mit minderwertigen Artikeln handelt) → Krämer

Iesenkrämer
Eisenwarenhändler

Jan-Seel
Gesindemäkler, privater Arbeitsvermittler (vor 1933)

Kaldunendösker
Kaldaunendrescher, Fleischer, Schlachter

Kanter
Kantor, Organist

Kastkeerl
Kastenkerl, Hausierer

Kistenmaker
Schreiner, Tischler

Klamphauer
Klotzhauer, roher, ungeschickter Arbeiter oder Handwerker, Pfuscher, stümperhafter Tischler, Zimmermann
klampen = nageln, (zusammen)schlagen

Klockenflicker, Klockenschoster
Uhrmacher

Klüütjebacker
Klößchenbäcker, Bäcker

Knakenbreker
Knochenbrecher, Heilkundiger, der Gelenke usw. einrenkt

Knakenhauer
Knochenhauer, Fleischer, Schlachter

Kohmelker, Kohtittenbuur
Bauer, der Milchwirtschaft betreibt

Kraammoor
Hebamme

Kraamwarster
Wochenbetthüterin, Hebamme

Krämer
Kaufmann, Krämer, (Lebensmittel)händler, Ladenbesitzer (früher neutral, heute vor allem abwertend)

Krauter
kleiner, unbedeutender Handwerker, Kaufmann

Kreitlapper
Korbflechter, eigentl.: Korbflicker

Kulengraver
Totengräber

Kuper
Küfer, Böttcher, Faßbinder

Kurstoker
Branntweinbrenner

Kurverkoper
Gastwirt, Spirituosenhändler

Kusendoktor
Zahnarzt

Kuutser
Kutscher

Lapper
Flicker

Lappsalver
Quacksalber (ndl.: lapzalver)

Liddsetter
Gelenksetzer, Knochenbrecher, (**Lidd** = Gelenk, Glied) (ungebr.) → Knakenbreker

Lierendreiher
Orgeldreher, Leierkastenmann

Medaillenschmidd
Medaillenschmied, Schmied, der pfuscht

Moder Griep
Hebamme

Moorhahntje
Moorhahn, Moorkolonist, -bauer

Morshauer
Arschpauker, Lehrer

Muttjer
Fluß-, Kanalschiffer (Mutte = einmastiges, flachbodiges Binnenschiff)

Orgenist
Organist, Orgelspieler

Paap
Pfaffe, Pfarrer

Peerdedokter
Pferdedoktor, Tierarzt

Pennlicker
Federlecker, Federfuchser, Schriftsteller, Journalist

Pick
Schuhmacher

Pickhingst
Pechhengst, Schuhmacher

Pillendreiher
Pillendreher, Apotheker

Plaastermaker
Pflastermacher, Apotheker

Pleegsmann
Handlanger (der Maurer)

Plünnenrieter
Textilhändler; Schneider

Plünnkeerl
Lumpenhändler

Pottjebacker
Töpfer

Pottlapper
Topfflicker

Propheten-, Psalterklopper
Buchbinder (weil er früher vor allem Bibeln und Gesangbücher einzubinden hatte)

Prüükmaker
Perückenmacher, Frisör

Rademaker, auch: Ramaker
Radmacher, Stellmacher, Rad-, Stellmacher

Rauk, swarte R.
Geistlicher (eigentl.: Kolkrabe)

Rechtsverdreiher
Rechtsverdreher, Rechtsanwalt

Riemkemaker
Reimemacher, Verseschmied, Dichter (abfällig)

Scherenslieper
Scherenschleifer
→ Slieper

Scherer, Scheerder
Scherer, Frisör

Quackeldokter, Quacksalver
Quacksalber, Arzt, der seine Patienten nicht ordentlich oder auch zu zart behandelt

Racker
Schinder, Abdecker; Mann, der an Straßen usw. Kot und Unrat fortschafft

Schinner
Schinder, Abdecker

Schohlapper
Schuhflicker, Schuhmacher

Schoster Pickdraht
Schuster Pechdraht, Schuhmacher (Mit Pechdraht nähte der Schuhmacher Schuhe und Stiefel)

Seebaar
Seebär, Seemann

Seelenverkoper
Seelenverkäufer, Gesindemäkler, (privater Arbeitsvermittler vor 1933)

Seerubb(e)
Seerobbe, älterer, erfahrener Seemann

Seilmaker
Segelmacher

Sepenseder
Seifensieder

Slieper
Schleifer
→ Scherenslieper

Snieder Wipp-up (oder: Wipp-wapp)
Schneider

Snöttschrabber
Rotzschaber, Barbier, Frisör

Snuutstückendreiher
Pfeifendrechsler

Stoker
Heizer

Stoorkske
Hebamme

Stummeldreiher
Zigarrenmacher

Swart, Swartrock
Pastor

Sweler
Arbeiter, der beim Heuen beschäftigt ist

Swiensnieder
Schweineschneider, Mann der Schweine (Ferkel) kastriert
Schweineschneider galten als ›unehrliche‹ Leute
→ Biggensnieder

Tannendokter
Zahnarzt

Tuuntjer
(Hobby)Gärtner

Tuutjemamsell
Tütenmädchen, Verkäuferin

Uhrpuster
Uhrmacher

Veehdokter
Viehdoktor, Tierarzt

Warfelkemaker
Riegelchenmacher, Tischler, Zimmermann

Waterdokter
Heilpraktiker, Arzt für Naturheilkunde

Wever
Weber, Hersteller von Webwaren

Wies(e)moor
Hebamme

Redensarten und Sprichwörter
Flüche, Verwünschungen, Spottrufe

Dunnerhaal.
Gottsblix.
Gottverdammt.
Gottverdorri.
Gottdomm(i) = Gott verdamme (mich).
Gottdorje; möglicherweise: Gott betöre euch, d.h. schlage euch mit Dummheit.
Gott straaf mi.
Düvel, Blixem, Satan!
oder: Satan, Düvel, Dönnerslag!
De Blixem sall di halen!
Gah na de Blixem!
De Düvel haal mi, wenn... (z.B.: ik leeg).
Dat sall de Düvel halen!
Dat di de Düvel haal!
Loop na de Düvel!
Loop an de Düvel un breek di 't Genick!
Dat di de Dönner.
De Dönner sall di halen.
Dar sall de Dönner inslaan!
De Düker sall di halen!
Haal mi de Kuckuck! (Kuckuck = euphemistisch für Teufel).
Di sall de Kuckuck halen!
Dexel noch to! (Teufel noch [ein]mal!)
Dunner haal!
Verdoomt noch mal!
Dat di de Drummel! (Teufel, Satan).
Dat haal de Satan!
Haal mi de Snieder (abgeschwächter Fluch).
Du büst neet weert, dat du an de Galg hangst!
Ik wull, dat du noch mal an de Galg verrötten dääst!
Ik wull, dat du up de Blocksbarg seetst!
(Man sagte, daß sich am Blocksberg die Hexen versammelten und dort mit dem Teufel buhlten).
Gah na Blexen un lehr 't Hexen.
Dat du den Sweden kriggst.
(Wenn man jemanden den Schweden auf den Hals wünschte, wünschte man ihm Unglück; eine Erinnerung an die Greuel des Dreißigjährigen Krieges).
Du sallt in de Hell brannen, bit du swart worrst!
Mientwegen kann he verstinken un verrötten!
Dat di de Kater kleit (kratzt) (Düve[l]kater = Teufel).

Gah hen un föhl de Henn, dann kannst mit de Hahn up ’t Rick gahn!
Gah hen un föhl de Höhner, of se ’n Ei hebben, un danz mit de Hahn!
Gah hen un floh (flöh) de Höhner, un danz mit de Hahn.
Gah hen un feeg de Höhner ’t Hei to!
Gah hen un sett dien Höhner up ’t Rick!
Gah hen un barg dien Höhner!
Gah hen un büül di (oder kurz: Büül di! = ›Staub dich aus‹, Pack dich!).
Gah na de Mieghamels (Ameisen) hen, du Leiwams (Faulpelz)!
Gah na de Nöttens (Ort i. Ldkr. Wittmund) un lehr ’t Gooswahrn! (Gänsehüten).
Du kummst na Grootfehn! (drohte man Kindern, wenn sie nicht folgsam waren. Großefehn war seit 1865 Sitz eines Heimes für schwer erziehbare Kinder, des Ostfriesischen Rettungshauses; heute: Leinerstift).
Di halen s’ mit de Spiekerkarr, wenn du neet na ’t School wullt (drohte man Kindern, die nicht zur Schule gehen wollten oder ungehorsam waren. (›Spiekerkarr‹ war ursprünglich ein Karren, aus dessen Boden spitze Nägel herausragten, mit dem Verurteilte zum Richtplatz gebracht wurden).
Du sallst noch lüttje Kötels schieten (Dir wird es eines Tages auch noch schlecht gehen).
Holl de Rand (Mund)!
Dat di de Schinner haalt!
Du verdoomde schellige (schielende) Blixen, wat wullt du falske Satan?
Wenn ik di blixemse Fent in de Mors harr, scheet ik di in de Eems!
Ik will ewig in de Hell wesen, wenn dat neet wahr is!
Loop an de Maan (un plück Steerns)!
Loop an de Weerlücht! (Wetterleuchten).
Klei di (mi) an de Mors!
Ik fleit di wat!
Ik will di wat fleiten!
Ik will di wiesen, wor de Timmermann ’n Gatt laten hett.
Sackernunnetje (eigentl. franz.: sacre nom de dieu = heiliger Name Gottes).
Sackerlot! (eigentl. lat.: sacra lotio = heilige Abwaschung, Taufe).
Sackerment(er)! (eigentl. lat.: sacramentum = Sakrament, heilige Handlung).
Sagebuck, Saagbuck = ›Sägebock‹, ›Zum Teufel‹, allgemeines Fluch- und Schimpfwort.
Jasses, Jesses, Jusses; Harrejasses, Herrejesses; eigentl.: ›Jesus‹ bzw. ›Herr Jesus‹, Ausruf des Staunens, Schreckens, auch der Entrüstung und des Abscheus, Beschwörungswort (ohne daß dabei noch an die ursprüngliche Bedeutung gedacht wird).

Gommes!
Herregommes! (Herrgott).
Och Gommes! (Ach Gott!).
Gah hen un blaas Abel in de Morse.
Dat di de Swerenoot kriggt!
Di sall de Swerenoot kriegen! (Swerenoot = Schwerenot = Epilepsie; allgem. Fluch).
Ik schiet di wat.
Ik schiet der wat up!
Schiet ok.
Du kannst mi achter küssen.
Sliep ut! Sliep ut! Spottausruf, Verhöhnung. Mit diesem Ruf verspottet man jemanden, indem man zugleich mit dem Finger der rechten an einem Finger der linken Hand schleift (als ob man Wurzeln schabte).
Steek de Duum in d' Mors, un maak 'n Jägerstohl!

Schelten, Schimpfen, Spotten

Schellen, schellen deit neet seer, slagen, slagen betert weer.
De schimpt, hett Unrecht.
Wenn Kock un Kökske sük schellen, denn weet man, wor de Botter blifft.
Wenn Deven sük schellen, kriggt de ehrelke Mann sien Koh weer (kommt der Diebstahl usw. an den Tag).
Schimpers Husen brannen ok (wer andere Leute beschimpft oder verflucht, kann selbst vom Unglück betroffen werden).
He schellt as 'n Ketelböter (Kesselflicker).
He schellt as 'n Emder Heringswiev.
He schellt as 'n Reitlüüntje (Rohrspatz).
Hum word van sien Wiev nix upscheppt as Steekröven,
Stiekelstargen (Stichlinge) un Schellfisk (Wortspiel: Wenn ein Mann eine ständig scheltende Frau hat, die nur stichelt, stachelt und schilt).
Schaa deit neet so seer as Spott.
Mit oll Lü mußt du keen Spott drieven.
Dat is nu eenmal so, de de Schaa hett, hett de Spott derto.
Een mutt de Schüürpahl wesen.
En Hund, de blafft, bitt neet.

Mindere Geistesgaben

He is verrückt.
He is mall.
He is wat beschränkt.
't fehlt hum wat.
He denkt wat langsaam.
He is dumm geboren un hett nix tolehrt.
He is so dumm, as ik weet neet wat.
He is so dumm as Kattschiet.
He is nett so dumm as (Bohnen)stroh.
He is so dumm as 'n Stück Holt.
He is so dumm as 'n → Törf.
He is dummer as dumm.
He is to dumm, um wat natovertellen.
He kann vör Dummheit neet liekut kieken.
Wenn Dummheit seer dä, denn sull he 't woll de hele Dag utbrullen.
He is krank in de Kopp (schwachsinnig).
He hett kien Gört (Grütze) in de Kopp.
He hett kien Mudder (Matsch, Schlamm) in de Kopp.
He hett kien Mustert (Senf) in de Kopp.
He hett kien Snött (Schleim, Rotz) in de Kopp.
He is man 'n Eenfoldigen (Einfältiger).
He is so dumm as 'n Rhinozeros.
He is 'n Hornveh.
He is so dumm as 'n Oß.
He hett sovööl Benüll as 'n Koh (oder: Schaap).
He is so dumm as 't Achtervördel van 't Kalv.
De Jung is so dumm as 'n nöchtern Kalv.
He is so klook as 'n halfwetend (halbwissendes = dummes) Kalv.
He starrt as 'n dood Enter (einjähriges Pferd).
He is so dumm as 'n → Esel.
Hum hett de → Esel in 'n Galopp verloren.
He hett der sovööl Verstand van, as de Katt van 't Bibellesen.
He is unner de Gosen utbrödt (unter den Gänsen ausgebrütet, d.h.: besonders dumm).
So wiet gahn sien Göse (Gänse = Gedanken) neet oder:
Sien Gosen gahn neet wiet.
De Kreihen hebben hum in de Brägen (Gehirn) scheten.
He hett Wepsen (Wespen) in de Kopp.
He hett Rupen in de Kopp.
He hett en Granatenverstand, oder: He hett en Kopp (Verstand) as 'n Granaat (Er hat so wenig Verstand, wie der Granat = Garnele, klein ist).

Dat sitt der nich dick up (er ist nicht sehr reich oder er hat nicht viel Verstand, ist nicht sehr begabt).
He kann neet bit fief tellen.
He hett keen Middelschott in 'd Nöös (Er hat keine Scheidewand in der Nase).
He is up de Nöös fallen.
't is 'n Sünner-Klaas.
He denkt neet ratt.
He brengt de Welt neet ut de Punen (aus der Ordnung, Gleis).
He weet van vörn neet, dat he achter leevt (oder: van achtern).
He weet van kien (oder: neet van) Tuten of Blasen.
He weet van Tuten un Blasen gliekvööl.
He weet neet van Tees (Tewes = Matthäus) of Mees (Mewes = Bartholomäus) (ist erzdumm oder auch: völlig betrunken).
He hett en achter de Diek to knickern.
Dat is di 'n Heergottsplumenschüddler!
He versott 't heel un dall (verdummt, verkommt ganz und gar).
He is bi Schuren (Unwetter, Donnerwetter) neet klook.
He is 'n Stropenduddelapp (→ Duddelapp).
He is noit up sien Scharpste.
He is keen Narr (oder: He is neet mall), man kloke Lü sünd anners.
He is 'n rechte Frohbedürfen.
He is man wat butensporig (übertrieben, irre, ohne Verstand).
He is man wat töffelig.
He is man wat unklüm (unklümig, unklünig).
He hett 'n Steek up (weg) (auch: angetrunken).
He löppt heel Dag in Düstern (ist geistesabwesend, träumt, schläft).
He hett woll een an de Borssumer Diek lopen (ihm ist wohl einer seiner fünf Sinne davongelaufen).
Dar sitt bi hum neet vööl achter.
He hett 't Pulver neet erfunnen.
He is neet recht dääg (nicht ganz beisammen).
He is neet allto slau.
He hett 'n Schruuv (oder: Rad) lößs.
He is neet recht bi 't Stück.
He is neet, as he mutt.
He hett kien Moderwitz.
He is 'n drögen (Jan-)Peter.
He is holl in de Kopp.
He is up de Kopp fallen.
He is neet koppfast.
He hett neet all Biggen in d' Huck.

He is uns Heergotts best → Schaap.
He hett kien (goden) Kopp.
He hett kien Brägen in de Kopp.
He is 'n bietje eensam in de Kopp.
Sien Brägen sünd hum (in)froren.
Sien Brägen sünd hum dröög worden (oder: updröögt).
He hett Bree in de Brägen.
He is vernagelt.
He sall kien Katt van 't Füür jagen.
He is swackhaftig.
He is swack van Begripp.
He is swack van Benüll.
He hett sien Benüll neet recht.
He is 'n bietje slicht van Verstand.
He is neet heelgaar (oder: man halfgaar) ut de Backovend komen.
't fehlt hum in de Harsens (Gehirn, Kopf, Verstand).
Dat Fienste fehlt hum.
Dat is 'n Pinsel.
Dat löppt hum dörnanner.
Dat is hum in de Kopp slaan.
He hett 'n Slag mit 'n natte Sack (oder: Handdook) hatt.
't sitt der nich dick up (er hat nicht viel Verstand, ist nur schwach begabt; auch: ist nicht sehr vermögend).
He is neet good bedocht.
He is bedreven (einfältig).
Mit hum is 't neet, as 't wesen mutt.
He hett sien Fief (d.h. Sinne) neet all binanner (oder: neet heel genau nananner).
He kann 't Eenmal-Een neet.
Dat is 'n dröge Jung (einfältiger, dummer Mensch).
He is mit Lottje beseten, oder: bedunnert (ist übergeschnappt, ist nicht ganz richtig im Kopf, hat eine Meise oder auch: hat nicht alle Tassen im Schrank (ndl.: van Lotje [Lotte, Lottchen] getikt zijn).
He is neet so dumm as he utkickt. — Nee, noch wat dummer.
He kennt kien Quaad (Böses).
He weet van Gott kien Quaad.
Wenn Dummheit seer dä, denn kunnst hum heel van Auerk bit Emden brullen hören.
He is nett so dumm as 'n → Fäling, he weet van keen Tuten of Blasen.
He kickt nett so fäälsk (westfälisch) ut, as wenn he sien Levend noch neet over de Kohltuun keken hett.

He steiht so fäälsk bi de Arbeit, as wenn he heel noch neet weet, wo man de Hannen bruken mutt.
Dat is ja 'n fäälsken Keerl (erzdumm, unbeholfen, verlegen) (Westfälische Wanderarbeiter und Hausierer, Fälinger genannt, galten als besonders dumm).
He is noch neet dröög achter de Ohren (unerfahren).
He weet neet, wat vör of achter is.
He is 'n halfbacken Keerl (halbgebackener, -garer, halb-, unfertiger Mensch).
Dat is 'n gode Schriever, de is to dumm, um 't natovertellen.

Trinken und Betrunkensein

He kümmelt (sük) geern en.
He nimmt (sük) geern 'n Lüttjen.
He gütt (oder: nimmt) 'n Lüttjen up de Lamp.
He hett sien Nöös alltiet in 't Natte.
He is 'n natten Bröör.
He höört to de natte Gemeen (oder: Bröörs).
He höllt vööl van Nattigkeit.
He mag geern een.
He mag de Buddel so geern lieden.
He nimmt geern een ut de Blinnen (aus der Flasche, vor allem Schnaps).
De Jank (Gier, Verlangen) steiht hum alltiet na d' Jannever.
He is rein up de Jannever versott' (vernarrt).
He sitt alltiet bi de Buddel.
He is an de Drank verfallen.
He sücht ut, as wenn he 't Warmbeer alleen hatt hett (d.h. so vergnügt, als ob er der einzige Glückselige wäre).
He geiht dat ene Weertshuus in un dat anner neet vörbi.
He drinkt (mehr as he ett).
He suppt as 'n Heiden (as 'n Türk).
He kann keen vull un keen löß (leeres) Glas sehn.
He hett alltiet 'n drögen Lever.
He speet neet in 't Glas.
He stött keen Glas um.
He stött 'n Sööpke neet mit de Foten um, wenn he 't mit de Hand berecken kann!
He kann supen as 'n Goos (Gans).
He suppt as 'n Ülk (Iltis, der Eier aussäuft).
He suppt as 'n Tiek (wie ein Käfer; d.h.: gierig).
He suppt as 'n Kreng (Kadaver, Aas) (ndl.: kreng).
He tittjet (saugt, säugt) geern.
He püllket geern (betrinkt sich oft und stark, flaschenweise).
He is an de Buddel raakt.
He gütt sük geern een achter de Slips.
He gütt 't neet in de Stefel.
De Kuur hett hum unner.
He hett al 'n Dreemastschipp versopen.
He hett Eelt (Hornhaut) up de Maag.
He hett Hei um de Foten.
He is 'n versopen Keerl (Swien).
He kann 't Supen neet laten.
He is pudeldick (besoffen, oder dick wie ein Pudel, ganz dick und voll).

He hett ’n lüttjen Tick weg.
He is duunsk (angetrunken).
He hett ’n Steek weg (Stich = kleiner Schwips).
He is duun un goot (trunken und fidel).
He is dick (voll) un duun (betrunken).
He is alltiet dick un duun.
He is stapelduun, d.h. völlig betrunken (wie ein Pfahl oder Klotz).
He is knüppeldick (oder: knüppelduun, d.h. sternhagelbesoffen).
He is pietskeduun (ganz schlaff vor Trunkenheit, d.h. wie eine Peitsche).
He braamt (Wenn Schafe Besenginster = Braam fraßen, wurden sie taumelig).
He is so duun as ’n Henn (oder auch: Kreng = Kadaver).
He is so slapp as ’n Hund (oder: Lappen).
He hett ’n lüttjen an.
He hett to deep in ’t Glas keken.
He hett wat in de Nöös.
He hett wat (oder: tovööl) in de Kopp.
De Kopp is hum to swaar.
He hett wat in de Kroon (Stirn).
De Tung is hum belämmert (gelähmt).
He hett tovööl Quasselwater hatt.
He hett Spraakwater (up de Tung).
He is anschoten.
He hett ’n Schööt dör de Flögels.
He hett ’n Stück in de Kraag (Hals, Schlund).
He hett genoog.
He hett ’t (oder: en) weg.
He hett een to vööl.
He is half söven (vermutl.: er hat schon 6 Zustände der Trunkenheit hinter sich).
He kickt ut fief Ogen.
Hum drifft de Kuur al ut de Ogen.
He kann neet mehr ut de Ogen kieken.
He hett en over de Döst drunken.
He hett to vööl laden.
He hett scheef laden.
He is duun.
He is scheef.
He hett ’n Prubbe (Rausch) in de Kopp (oder: Nöös).
He hett ’n Störm in.
He hett ’n Kaiser an (er darf ’s mit dem Kaiser aufnehmen und kann doch nicht mehr stehen).

He kann keen Streek (mehr) hollen (Streek = Linie, Strich).
He kann de Roi (Richtung) neet hollen.
He kann keen Kurs hollen.
He rojt (schwankt hin und her).
He swajet (schwankt).
He trett over (er tritt mit dem einen Fuß über den andern hinweg, d.h.: strumpelt).
He kann neet mehr up Benen stahn.
He kann neet mehr gahn of stahn.
He is besopen.
He hett de Hülle (eigentl.: Frauenhaube = Kopf) vull.
He hett de Kraag vull (Kraag = Kragen, Hals, Schlund).
He is in Traan (Tran).
He is vull.
He hett de Michel (Bauch) vull.
He hett de Mors vull.
He is nett so besopen as 'n Henn (oder: as 'n Törf).
Jannever hett hum unner Foten.
He is nett so dick as 'n Swien (oder: as 'n Tünn).
He is selig.
He hett sük 'n Kalf (oder: 'n Baar = Bär; 'n Fahl = Fohlen) anbunnen; (wird auch von einem Betrunkenen gesagt, der erbrechen muß. Wortspiel mit ›fahl‹ und ›Fohlen‹, nach Doornkaat-Koolman).
He hett 'n Jammer.
He hett 't besopen Elend.
Beer un Barmhartigheit komen bi hum tosamen (trifft zu, beim sogenannten besoffenen Elend).
He is molum (seiner Sinne nicht mächtig, trunken).
He kann neet mehr over de Baart spejen.
He suppt so lang, bit he de Kopp unner d' Liev hett.
De Jannever hett hum umstött. He is derin verdrunken (hat sich zu Tode getrunken).

Die meisten Redensarten sind auch in direkter Anrede möglich.

Wat 'n in dunen Moot deit, mutt man nöchtern utsuren (büßen).
'n dunen Keerl sall man ok mit 'n Fohr Hei utwieken.
De Holler kummt de eerste Drunk to (Wer das Glas oder die Flasche hält, trinkt zuerst).
Dune Lü un nöchtern Kalver fallen sük neet seer.
Ik mutt Hülp hebben! haalt mi 'n Oort Kuur (ca.: 1/3 l Schnaps).

Bi ’n Drunk erkennt man de Narr.
Jannever, Jannever je langer, je lever.
In einem alten Trinkspruch heißt es:
Ik Jonker Sissinga
van Groninga (Groningen)
dronk dees Hensa (Flasche)
in een Flensa (in einem Zug)
door myn Kraga
in myn Maga.

Wegweiser

Albernheit, Ausgelassenheit, Spaß, Verrücktheit usw.

Aant
Aap
Aavke usw.
Bliertje
Deer(t) usw.
Dööntjemaker
Drevel
Geck
Göök
Goos
Güüt(je)
Jan-Göök
Jan-Gört
Kalv
Knevel
Krüllsteert
Küken
Labbekack
Laffert
Lappsack
Leerlapp
Mallblatt
Mallbrägen usw.
Mallküken
Mallperduus
Malle Söven
Pei(j)atz usw.
Piet-S(ch)nött
Pittje-Pattje
Pläätje
Plattje
Quant(je)
Quast
Quattje
Schüüfkemaker
Sock(e)sitter
Stuuthaspel
Tiek(e)
Tieraap
Treckaap

Allgemein abfällig

Aap usw.
Büngel
Deert
Filu
Hans-Ars
Heiduck usw.
Höhnermors usw.
Hoorkind usw.
Hund
Jackhals
Jütte
Kakerlack
Katt
Klööt
Krübbenbieter
Kuffswien usw.
Küken
Laban
Luus
Muscheblix
Mutte
Nattnöös
Neerswiep
Paddjack usw.
Piet-S(ch)nött
Plünn usw.
Pogg
Pottjekacker
Pracher
Prüll(e) usw.
Prüllker
Rabauk(e)
Ribb(e)lapp
Rött(e)
Rubb(e)
Sack
Schicksel
Schieter
Schietkeerl
Schietkrööt
Schofelant
Schojer
Schraffel
Schundjer
Schun(d)ster
Slöör usw.
S(ch)loof
Slumpensleef
S(ch)nösel
Snöttaap usw.
Snüffel
Snuuv-in-de-Gört
Spitzboov
Stah-fast
Stinker(t)
Strukel
Stück
Sünder usw.
Sünnenbuck
Swaartweger
Swien
Swien(e)driever
Swienegel
Swienhund
Swienpans
Swienpriester

Swientitt(e)
Tiek(e)
Traanoog

Uke-Duse
Ülk
Undöög(t)

Unnösel
Wrange(r)

Alter

Griesert
Hörnflint
Kracke
Mummel

Paag
Schrögel
S(ch)loof
Stacker(t) usw.

Staffel
Utorder

Ängstlichkeit, Empfindlichkeit, Feigheit, Schwäche, Unterwürfigkeit, Wehleidigkeit usw.

Angsthaas
Bangbloot usw.
Beverbüx
Blarrpott usw.
Blarrsnuut
Blaumors
Dünnbeer
Flapps
Fröstkötel
Hanske
Heemke
Held
Huusbigge
Ja-Bröör
Jammer-Klaas usw.
Jan-Bangbüx
Jan-van-feern
Jappert
Jauelkopp usw.
Kalv
Klömer usw.

Kracke
Kraker
Krinthenkacker
Kruper
Kruudje-röhr-mi-nich
Lapp(s)
Luurangel
Miegert
Mucker
Nickkopper
Nirrtjebüx usw.
Peefke(n)
Pienlapp(e)
Piepe(n)stientje
Pieperling
Piß-Hille usw.
Plieroog
Pliertje
Püttjer
Quacke(l) usw.
Quackedööl

Schiet-in-de-Büx
Schietkeerl
Schötteldook
Sitt-up-de-Socken usw.
Slaapslunte(r) usw.
S(ch)lampamp(er)
Slapps
Slappsteert
Slocker(t)
Slumpensleef
Slunt(e) usw.
Spinnfootje
Spirrelfink
Stacker(t) usw.
Sünnerling
Wußt, En Keerl as ’n Pund W.
Ziepeler
Ziepelke
Ziepeltriene usw.

Arbeit, schwere, auch übertriebene

Bollwarker
Quälpaag
Pöselpeerd
Rieter
warkgierig
Wuracker

Armut, Hunger, Magerkeit usw.

Blöder(t)
Bloot
Bunkenbieter
Bunkenkluver
Hinnerk, knaken H.
Hungerlieder
Jackhals
Kahljager
Lattenhanger
Lusenfreter
Minnermanntje
Nakendmors
Nix in 't Liev
Pracher
Ribb(e)lapp
Scheppsel
Schofelant
Schrögel
Schubbe(r)-de-Bunk
Smachtlapp(e)
Small-Hans
Spiekermuus
Spier(e) usw.
Spirrelfink
Spöök
Sprick(e) usw.
Spucht

Aufdringlichkeit, Drängelei, Quälerei

Lelkert
Lüschinner
Pierer usw.
Piesacker
Pöter
Pransel
Quäler(t) usw.
Quälpaag
Tiertart
Trieselpiep(e)
Trüggeler usw.

Besonderheiten, vor allem körperlicher Art; Häßlichkeit

Arvt
Biggenfanger
Brillaap
Buck
Deer(t), Gedeerte
Dwarskieker
Figöök
Himphamp
Hinkepinke usw.
Kalv(erknee)
Kniefeltöön
Kretüür
Krücke
Kruupke
Laban
Mummel
Plieroog usw.
Roothaarige usw.
Scheihack(e)
Schellkieker
Schüdd(e)kopp
Slaapslunte(r) usw.
S(ch)lacks usw.
Tuffel
Waggelmors
Wanscheppsel

Boshaftigkeit, Grobheit, Gewalttätigkeit, Flegelei, Frechheit, Stärke usw.

Aas
Baar
Bandrekel
Beest
Bellhamer
Bengel
Blaag usw.
Blix
Bööl
Bullenbieter
Busebeller
Buttjer
Buusjööd usw.
Buuskeerl
Buuskopp
Dönnerslag
Dördriever
Dövekater usw.
Drevel usw.
Drummel
Düvel
Düvelskeerl
Feger(t)
Gluper(t)
Haalover usw.
Hacke(n)bieter
Heiduck usw.
Hörntje
Imme
Jackhals
Jan-Düvel
Jan-Flegel
Katt
Lapp(e) usw.
Lork usw.
Lurendreiher
Luurangel
Luurd
Muff
Mulert usw.
Oolke usw.
Paddjack usw.
Quaad usw.
Quaaddoner
Quälpaag
Quast
Rabattentramper
Rabauk(e)
Rekel
Rietenspliet
Ropper(t) usw.
Rubart
Rubb(e)
Rüder usw.
Rugert usw.
Ruugbeen
Ruugsack usw.
Schubb(e)jack
Schubbe(r)-de-Bunk
Schubbert
Spillverdarver
Spitz-Venien
Stinker(t)
Strukel
Stuver
Unband
Unnösel
Utverschaamtheit
Verneler
Wambuus usw.
Wöser usw.
Wöter usw.
Wrange(r)
Wrocker
Wrögel

Draufgängertum, Ungestüm, Wagemut

Dragoner usw.
Feger(t)
Füürfreter
Hinnerk, iesdern H.
Keerleske
Mallbrägen usw.

Dummheit, Einfalt, Gedankenlosigkeit, Gutmütigkeit usw.

Aavke
Besteck
Bloot
Buuskopp
Damel usw.
Dam(m)elpeter
Doofkopp
Döösbartel usw.
Duddekopp usw.
Dummbart usw.
Dünnbeer
Duuskopp usw.

Dwass
Dwattje
Fäling
Flapps
Gaaps(ch)nuut usw.
Goos
Gooske
Gootbloot usw.
Halfmall
Halfslagg
Hans-Eenfolt
Hans-Narr
Heergottsbloot usw.
Heiduck usw.
Jan-Goosmors
Jan-Hinnerk usw.
Kalf
Luurd
Mallblatt
Minnermanntje
Mops
Muff
Muusfanger
Ölgötz
Oss usw.
Pelle usw.
Plieroog
Pottklei, en Seel(e) van P.
Quast
Quattje
Ribb(e)lapp
Schaap
Schaap-Harm usw.
Scheppsel
Schloom
Slaapdott(e)
Slaapmütz
S(ch)leef
Slocker(t)
Sluff(e)
Slumpensleef
Sott
Staffel
Strohkopp
Stuuthaspel
Sullje(s)
Swackkopp
Töffel
Tööt usw.
Törf usw.
Tott(er)goos
Traankopp
Trütt(e) usw.
Tuckel usw.
Unnösel

s.a. Redensarten und Sprichwörter

Einbildung, Prahlen, Schmeicheln, Schöntun usw.

Aap usw.
Bellhamer
Bellmer
Blaffert
Braasker
Dickdoner
Dicksnuut
Fienfleiter usw.
Fienpiss
Fienstrieker
Fliemstrieker
Galpert usw.
Galpsack
Görtbeck
Grootbeck usw.
Groot-Hans
Groot-in-d'-Mors
Grootmienheer
Hahn usw.
Hans-Wind
Jan-Krodde
Klookschieter
Kohlstrunk
Krodde
Moiproter
Morskruper
Mundjeproter
Neers
Neetuut usw.
Neewind
Ölgötz
Prahl-Hans
Puster(t)
Slauberger usw.
Snarrder usw.
Stuver
Tieraap usw.
Upsnieder
Wiesmaker
Windbüdel usw.
Zegenbuck

Faulheit, Trägheit, Trödelei usw.

Bankrekel
Biloper
Bremer
Bröder
Bummel-Klaas usw.
Damel usw.
Dauel usw.
Drömel usw.
Duuskopp usw.
Fuulwams
Hundje-Biloper
Jahnert usw.
Jan-bito
Jan-Hinnerk usw.
Klaas Hackenkolt
Leegloper usw.
Leerlapp
Leiert usw.
Löörhack(e)
Löterbüx usw.
Meßmaker
Mops
Nirrtjebüx usw.
Nöler usw.
Nüsseler usw.
Puler usw.
Pussel usw.
Rekel
Schampamper
Schlömer
Schubbe(r)-de-Bunk
Sitt-up-de-Socken usw.
Slaapdott(e)
Slaapmütz
S(ch)lacks usw.
Slöör usw.
Sluff(e) usw.
Slumpensleef
Sock(e)sitter
Töteldöös usw.
Traankuus

Frau: Flatterhaftigkeit, lockerer Lebenswandel, Hexerei

Allmannswicht
Börkumer Riff
Duuvke
Feger(t)
Flirr usw.
Flittje
Flutter usw.
Flur usw.
Fudde usw.
Hoor
Klitze
Klitzke
Klutte
Puutje
Schun(d)ster
S(ch)lirrt(je)
Struntsel
Teev
Tult(e)
Wickerske → Wicker

abfällig; böse

Aavke
Besteck
Bitz(e)
Botterhex
Dragoner usw.
Dütt(e) usw.
Dwattje
Feger(t)
Flügg-over-de-Heid
Fummelke usw.
Füürfreter
Gaffeltang(e)
Goos
Gooske
Haalover usw.
Heevtask(e) usw.
Hellhake usw.
Huusdüvel
Jütt(e)
Keerleske
Klatte usw.
Klüngel
Kunkel
Kunkelwiev

Mallurte usw.
Möhlenpeerd
Mummel
Piep(en)-Stientje
Piß-Hille usw.
Pläätje
Pliertje
Ribb(e)lapp
Roothaarige
Rugert usw.
Schartek(e)
Sibille usw.
Smeerlapp usw.
Spinn(e)
Spinn-Eevke
Stiekelswien
Sudde
Suddel usw.
Swientitt(e)
Tieraap
Tott(er)goos
Trulle usw.
Trütt(e) usw.
Tuckel usw.
Tütter
Tüütje
Ülkert
Zeeg
Ziepel-Triene usw.

(Fr)essen, Wohlbeleibtheit, Magerkeit usw.

Beerbuuk
Dickbuuk usw.
Dickert
Dickfrett
Dickmors
Dreedecker
Etegeern
Freter usw.
Happert
Köstgänger, düre K.
Leckerbeck usw.
Möhlenpeerd
Mull
Nümmersatt
Plumpsack usw.
Pulter
Pummel usw.
Pumpel
Pussel usw.
Puster(t)
Puurtje
Quast
Ribb(e)lapp
Ruugfreter
Schummel(ke)
S(ch)lampamp(er)
Slickerbeck usw.
Sluker(t) usw.
Smeerbuuk
Speckhals usw.
Trull(e) usw.
Trütte usw.

Geiz, Gier, Habsucht, Reichtum, Wucher, Kleinigkeitskrämerei, Pedanterie, Verschwendung

Blootsuger
Gah-bi-de-Naht
Gitzert usw.
Gitzhals usw.
Gört(e)teller usw.
Grannpans
Grelloog
Grubber
Haavke
Halsofsnieder
Jackhals
Jappert
Knicker usw.
Knieper(t) usw.
Knieser usw.
Kniphusen un Hollfast
Krabber
Krinthenkacker
Luusangel usw.
Mieter usw.
Natersack

Naumors usw.
Netenkämmer usw.
Penningskeerl
Pintsuger
Pöseler usw.
Pottschrabber usw.
Priemelmors usw.
Prüllker
Puler usw.
Püllker
Püttjer
Püütjeknieper usw.
Riekschieter
Ropper(t) usw.
Schrabber
Schraffel
Schubbe(r)-de-Bunk
Spitzlicker
Steertholler
Tiepelmors usw.
Tüütjeflicker
Wöser usw.

Geschrei, Gezeter, Lärm, Streit, Zank, Zorn

Ballerbüx
Bellhamer
Bellmer
Bitze
Blaffert
Blubberkopp
Bölker(t) usw.
Braasker
Bull
Bullenbieter
Bullerballer usw.
Düllkopp
Eekster
Fröötsker usw.
Gaffeltang(e)
Käkelbeck usw.
Ketelböter
Kibbelbeck usw.
Kies(e)bieter usw.
Kiffke
Körtkopp
Krabbkater usw.
Kraihahn
Krakeeler usw.
Kregelkopp
Kribbe usw.
Kriddeler
Lawaimaker
Mallbrägen usw.
Pluusterkopp
Pulterbüx usw.
Pur(d)er
Rabauk(e)
Rappelkopp
Schandaalmaker
Spöker
Stänker usw.
Striethammel
Stuver
Targer
Tiertart
Tiffke
Wrange(r)
Wrocker
Wrögel

Heimtücke, Hinterlist, Heuchelei, Lügen; Hexerei

Duuknack(e)
Fiemeler
Fien(e)
Filu
Flunkerer
Frome usw.
Fuulpuup
Gluper(t)
Hackenbieter
Hans-Lüüg
Leger
Lögenbeck
Lögner
Luur usw.
Luurangel
Mucker
Schuulohr
Voß
Wicker usw.
Wiesmaker

Kinder, unreife Menschen

Bengel
Bölker(t) usw.
Bötel
Fent
Gröönsnuut
Kabauter usw.
Klöterbüx
Knevel
Knurt(je)
Körreldüümke usw.
Krabbe
Krabbkater usw.
Kralloog
Krööt usw.
Kruper
Kruperke
Kruupke
Küken
Muscheblix
Nattnöös
Pelle usw.
Pöter
Pottjekacker
Puusbacke
Puutje
Quant(je)
Quarre
Racker
Rietwurm usw.
Rött(e)
Rubb(e)
Rubbsack usw.
Rüder usw.
Schieter
Schubbert
Schummeltiek(e)
S(ch)leef
S(ch)nösel
Snöttaap usw.
Spöker
Steert-Ütze
Stiekel
Töötje
Trabant
Tüüt
Tüütje
Unband
Undöög(t)
Wambuus usw.

Körper: Teile und Ausscheidungen

Achterdeel usw.
Achterpoort
Ars usw.
Bille usw.
Gatt
Gluupoog
Grelloog
Kack
Kralloog
Miegert
Mors usw.
Neers usw.
Plieroog usw.
Pupert usw.
Puup
Scheet usw.
Schiet
Snöttaap usw.
S(ch)nuut
Speckhals usw.
Traankuus
Traanoog
Waggelmors

Kriminalität, Betrügerei, Diebstahl

Bedreger
Boontje
Deev
Düürverkoper
Gaudeev
Höhnerdeev
Jackhals
Kunkelfuser(t)
Lurendreiher
Luur usw.
Muus
Paddjack usw.
Spitzboov
Struukdeev usw.
Tünn(en)schojer

Mann: allgemein abfällig; Ehe, Sex, Sexprotzerei

Bille usw.
Buck
Fienoss → Oss
Hahn usw.
Hänsken-Tweederlei
Hingst
Hoorder usw.
Peer(de)koper
Struntstamper
Wicker
Zegenbuck

Mindere Sippschaft, Gesindel

Deev usw.
Gootje
Hack un Mack
Heidenvolk usw.
Heiduck usw.
Jan-Hagel un sien Maat usw.
Jan un allemann
Luus un Pluus usw.
Pack(volk)
Plünngoot usw.
Riff-Raff
Schietgoot(je)
Schojerpack
Struntsel
Swiengoot

Murren, Nörgelei, Schwarzseherei, Unfreundlichkeit

Brummbaar usw.
Frante usw.
Fröötsker usw.
Ganter
Gnarrpott usw.
Gnaster usw.
Griesmors
Hiepkunter usw.
Jan Grammiet
Knasterbart
Knitterkopp
Luus (Redensart)
Miemer usw.
Mieter usw.
Mops
Muffel
Mulert usw.
Murrkater usw.
Muus
Muusnüsten
Peter-Verdreet
Pruler(ke) usw.
Quarker
Queeskopp
Quengel
Querangel
Slumpensleef
Sluupsteert
Spillverdarver
Spökenkieker
Stiekel
Stiekelswien
Strukel
Suursnuut
Swartkieker
Tursnuut
Tuusterkopp
Tuustersnuut
Wrante(r) usw.

Nachlässigkeit, Pfuscherei, Unsauberkeit, Gestank usw.

(s.a. unter Frau: abfällig; böse)

Besteck
Bigge
Böhnhaas
Diekschaap
Fudde usw.
Fummelke usw.
Fusker
Fuulbröder
Gremer

Hacke(n)bieter
Kackstefel
Klater-Jan
Kleier(t)
Klüngel
Kunkel
Lapper
Meßmaker
Muddel
Muddersack usw.
Mutt(e)
Pluusterkopp
Puler usw.
Pumpel
Pussel usw.
Quacke(l) usw.
Ruffel usw.
Ruughauer usw.
Schummel(ke)
Schummeltiek(e)
Sludder(er)
Sludderbüx usw.
Sluff(e) usw.
Slunt(e) usw.
Smeerbudel usw.
Smeerlapp usw.
Smuddel usw.
Snuuv-in-de-Gört
Sudde
Suddel usw.
Swien
Swienegel
Zegenbuck

Nationalitäten

Düütsder
Heiduck
Muff
Poggenfreter

Neugier, Spioniererei, Nascherei usw.

Eekster usw.
Fraagmors usw.
Fröter usw.
Fuulpuup
Gaapsnuut usw.
Haavke
Höhnermors usw.
Kiek-in-de-Kumm usw.
Kökenbigge
Luurangel
Luurder
Muus
Negenoog
Nööske
Nöösker
Pott-Geerd(je) usw.
Pottheekster
Pottlicker usw.
Pottrüffke
Rüffke
Snoper usw.
Snüffel
Snuver
Spiekermuus
Wieske
Wiesnöös

Nichtsnutzigkeit, Unbedeutenheit

Biloper
Büngel
Dagdeev
Hundje-Biloper
Jan-bito
Jan Hinnerk usw.
Klaas-Hackenkolt
Lapp(e) usw.
Leerlapp
Muff
Nootnagel
Schietbüdel
Spöök
Stah-in-de-Weg
Steertholler
Strunt(kraam)
Uke-Duse

Schwatzhaftigkeit, Verleumdung, Reden, Stottern usw.

Aantjebitt
Aantjeflücht
Babbel(tje)
Babbeler
Babbelgüütje
Babbels(ch)nuut usw.
Blubber
Blubberkopp
Eekster usw.
Fläär usw.
Flappert usw.
Flappkatte
Fläter
Fuulbeck usw.
Kakeler
Kau(d)elmors
Kau(d)el-Stientje usw.
Kohl
Kraihahn
Kunkel
Kunkeler usw.
Kunkelpott
Kunkelwiev
Labbekack
Labbelott
Laffbeck usw.
Laffert
Mummel
Neetuut usw.
Pillerbeck usw.
Pillpall usw.
Pläter usw.
Plattje
Proter
Quaadspreker
Quacke(l) usw.
Quätel
Quätelbüx usw.
Rachfatt
Rappelgatt usw.
Rappsnavel usw.
Räter
Rattbeck usw.
Röteldöös usw.
Sabbelkopp usw.
Snacker usw.
Snater usw.
Stamerbuck usw.
Tater usw.
Tööt usw.
Töötje
Töteldöös usw.
Tott(er)goos

Standhaftigkeit, Starrsinn, Trotz, Widerspenstigkeit

Balstüür
Buck
Bullenbieter
Dickkopp
Dieskopp, Diesnack(e), Dies(d)ert
Dwars usw.
Flintkopp
Hebberecht
Katt
Kregelkopp
Peter-Verkehrt
Stah-fast
Stiefkopp usw.
Stickel
Stiekelswien
Zeeg

Träumerei, Zerstreutheit

Drömel usw.
Dröögblatt usw.
Duddekopp usw.
Miemer usw.
Schloom
Slaapdott(e)
Slaapmütz
S(ch)lömer
S(ch)löör usw.
Stuuthaspel
Uke-Duse

Trinkerei, Trunksucht, Ausschweifung, Liederlichkeit

Blubberkopp
Drankfatt usw.
Pimpel(er) usw.
Pûlle usw.
Püllker
Süffel
Super usw.
Susebold usw.
Swiemel usw.
Swierbold usw.
Tülle

s.a. Redensarten und Sprichwörter

Unbeholfenheit, Ungeschicklichkeit, Umständlichkeit, Zögern usw.

Grübelke
Hinnerk, holten H.
Hinnerk, stief H.
Jan-Gört
Jan-Klump
Klunte usw.
Klunthack(e)
Kluntje usw.
Langdraht
Ölgötz
Piet-S(ch)nött
Pöseler usw.
Pulterbüx usw.
Slumpensleef
Stah-in-de-Weg
Tiepelmors usw.
Töffel
Töteldöös usw.
Trüggeler usw.
Trüggelmors
Tünteler
Zegenbuck

Ungeduld, Unruhe, Herumtreiberei, Unzuverlässigkeit

Dwaggelmors
Flinderke usw.
Flügg-up usw.
Flutter usw.
Fröter usw.
Handje-Vörmaiher
Hans-Damp
Hibbel usw.
Jan-Swarm
Jan-Unrüst
Labbelott
Lammer(ke)steert
Nachtraav
Paddjack usw.
Quickmors usw.
Quispelmors
Rieter
Rietwurm usw.
Rüder usw.
Schundjer
Schun(d)ster
Strieker
Strömer
Ströper
Struukdeev usw.
Swaartweger
Tackenhüpper
Tünn(en)schojer
Vögel-Wüppup
Wiggel-Mors
Wiggel-Pahl
Wippsteert usw.
Wöhler usw.
Wöhlgeest
Wöter usw.

Hinweise

Das Wörterbuch ist für den praktischen Gebrauch gedacht. Deshalb sind häufig Beispielsätze angegeben, auf grammatische Angaben und etymologische Hinweise wurde jedoch verzichtet. Vereinzelte Verweise, vor allem auf niederländische Wörter erschienen aber, der sprachlichen Verwandtschaft wegen, sinnvoll.

Wörtliche Übersetzungen sind kursiv gedruckt. Wenn in einigen Fällen keine genaue Bedeutungsangabe möglich war, finden sich kurze Hinweise wie ›allgemein abwertend‹ o.ä.

Einige Kosewörter wurden aufgenommen, da ihnen Schimpfwörter zugrunde liegen, die häufig durch die Verkleinerungspartikel zum Kosewort geworden sind. Eigenschaftswörter wurden in Einzelfällen, weitgehend in Verbindung mit einem Schimpfwort aufgenommen.

Im Rahmen dieses Buches konnte der überaus große Schatz an Sprichwörtern und vergleichenden Redensarten über menschliche Eigenarten und Schwächen nur in wenigen Beispielen berücksichtigt werden, obgleich sie häufig beim Schimpfen verwendet werden. Der Interessierte sei hingewiesen auf die ›Sammlung der gangbarsten ostfriesischen Sprichwörter, sprichwörtlichen Redensarten und Ausdrücke‹ von Carl Julius Hibben: Ostfriesland, wie es denkt und spricht. Nachdruck der Ausgabe Aurich o.J. (1919) mit einem Nachtrag (1922), Leer: Schuster 1974.

Eine Ausnahme ist aber gemacht worden: Das Plattdeutsche ist unendlich reich an Ausdrücken und Redewendungen, die sich auf das Trinken und die Trunkenheit und auf mindere Geistesgaben beziehen. Diesen Bereichen sind gesonderte Kapitel eingeräumt worden, die aber auch nicht den Anspruch auf Vollständigkeit erheben können. Flüche, Verwünschungen, Spottrufe sowie Berufe und Tätigkeiten, heute kaum noch oder nur als Schimpfwort gebräuchlich, wurden gleichfalls in eigenen Kapiteln zusammengestellt.

Für diese Sammlung wurden außer den bekannten ostfriesischen Wörterbüchern von Stürenburg, ten Doornkaat-Koolman und Buurman auch Wörterverzeichnisse literarischer Werke benutzt. Hinzu kamen eigene Erinnerungen und Lesefrüchte sowie handschriftliche Sammlungen, die von Freunden und Bekannten zur Verfügung gestellt wurden.

Ausdrücklich hingewiesen sei auf das ›Bayrisch-österreichische Schimpfwörterbuch‹ von Reinhold Aman (Goldmann-Taschenbücher 26523, München 1973). Hier findet sich im Anhang (S. 153—188) eine ausgezeichnete knappe Einführung in die ›Maledictologie‹ (Schimpfwortforschung). Reinhold Aman ist auch Herausgeber von ›Maledicta. The International Journal of Verbal Agression‹, Waukesha/Wis., USA.

Die Schreibung folgt weitgehend den Regeln für die plattdeutsche Rechtschreibung, wie sie 1956 zwischen Vertretern Schleswig-Holsteins, Hamburgs und Oldenburgs vereinbart wurden und sich seither allgemein bewährt haben. Das ›Kleine plattdeutsche Wörterbuch nebst Regeln zur plattdeutschen Rechtschreibung‹ von Johannes Saß (13. Aufl. Fehrs-Gilde, Hamburg 1986), sowie neuere Wörterbücher, z.B. Wolfgang Lindow: ›Plattdeutsch-Hochdeutsches Wörterbuch‹ (3. Aufl., Leer: Schuster 1988) und Günter und Johanna Harte: ›Hochdeutsch-Plattdeutsches Wörterbuch‹ (2. Aufl., Leer: Schuster 1989) verwenden diese Rechtschreibung.

Obwohl die Aussprache des -s- vor Konsonanten zunehmend zu -sch-, bzw. -schk- tendiert, wurden alle in Frage kommenden Wörter grundsätzlich unter -s- eingeordnet, also: Schleef = Sleef; Schwien = Swien usw.. Ist der Gebrauch der sch-Form häufig oder gar schon dominant, so ist nach dem anlautenden s das ch in Klammern angefügt. In der Regel werden beide Formen nebeneinander verwendet.

Abkürzungen

adj.	Adjektiv
altfries.	altfriesisch
frz.	französisch
gron.	groningisch
hochdt.	hochdeutsch
ital.	italienisch
jidd.	jiddisch
ndl.	niederländisch
übertr.	übertragen
ungebr.	ungebräuchlich, veraltet
vkl.	Verkleinerungsform